REVISTA E AMPLIADA

2ª EDIÇÃO

OS FUNDAMENTOS DO

GLOBALISMO

AS ORIGENS DA IDEIA QUE DOMINA O MUNDO

ANDRÉ ASSI BARRETO

Linotipo Digital Editora e Livraria Ltda.
São Paulo

2023

Linotipo Digital

EDITOR: Laerte Lucas Zanetti

COORDENADOR DE PRODUÇÃO: Laerte Lucas Zanetti

CAPA, DIAGRAMAÇÃO E PROJETO GRÁFICO: Spress

REVISÃO DE TEXTO: Juliana El Taouil Azar

REVISÃO DE PROVAS: André Assi Barreto

IMAGEM DE CAPA: *Multitude of flagpoles at the United Nations palace in Geneva. Close up shot, no people*. Charles Blastam/Deposit Photos/Imageplus

IMAGEM DO COLOFÃO: Monteiro Lobato, por Fátima Lódo
IMAGEM DO ORELHA: Adriel Alves

Dados Internacionais de Catalogação na Publicação (CIP)
(Angélica Ilacqua CRB-8/7057)

Barreto, André Assi
Os fundamentos do globalismo : as origens da ideia que domina o mundo hoje / André Assi Barreto. — 2. ed. — São Paulo : Linotipo Digital, 2023.
128 p.

ISBN 978-85-65854-41-2

1. Filosofia 2. Filosofia política 3. Globalismo I. Título

23-5633 CDD-100

Índices para catálogo sistemático:
1. Filosofia

Este livro segue as regras do Acordo Ortográfico da Língua Portuguesa, em vigor desde 01/01/2009.

Rua Álvaro de Carvalho, 48, cj. 21
CEP: 01050-070 – Centro – São Paulo – SP
www.linodigi.com.br – 55 (11) 3256-5823

Sapientiam autem non vincit malitia

A Olavo de Carvalho,
in memoriam

SUMÁRIO

APRESENTAÇÃO

Este *Os fundamentos do globalismo* constitui meu segundo livro publicado e conta uma história muito parecida com a do primeiro, *Entre a ordem e o caos: compreendendo Jordan Peterson* (Ed. Armada, 2021). Ambos começaram como cursos *on-line* ministrados na plataforma *OliverTalk*, que posteriormente foram transcritos, profundamente revisados — por mim e por terceiros — e agraciados com acréscimos graças à oportunidade que tive de ministrá-los novamente de modo presencial no Instituto Veraz em São Paulo. É com imensa satisfação, portanto, que entrego toda a pesquisa, reflexões e maturação do conteúdo agora na forma de livro.

A obra se insere num campo de reflexão que muito me agrada: a história das ideias. Em que momento o globalismo surgiu enquanto ideia e como se transformou em ideologia? Há muitos bons livros sobre os ardis, ações e personagens do globalismo que até passam pela sua origem, mas que não se dedicam de forma aprofundada a ela. O exercício proposto é, assim, o do método já bem estabelecido da anamnese filosófica ou, como gosto de chamar, de "arqueologia das ideias". Na verdade, para compreender como o globalismo age atualmente, inclusive nos aspectos mais cotidianos e cruciais da nossa vida privada, não é absolutamente necessário apreender sua origem, mas é algo extremamente útil e bem-vindo para preocupados com a questão, interessados nesse tipo de exercício e que desejam dar um próximo passo em termos de aprofundamento no assunto.

Embora, por consequência inescapável, o livro seja de Filosofia, nem de longe fica restrito a especializados nela para ser interessante. Quando argumento, em uma tese que acredito ser inédita, que o globalismo se inicia e se transforma em cosmovisão militante no Iluminismo com a figura do prussiano Immanuel Kant, isso interessa a curiosos e outros preocupados com o tópico, oriundos de todas as searas, como especialistas em Relações Internacionais, Política Internacional, Economia, Direito, História, Geopolítica, Ciências Sociais e outras áreas. Promover essa arqueologia das ideias que realizo neste livro e averiguar o estatuto da questão, creio, deveria ser uma tarefa constante para todos aqueles que tratam publicamente de assuntos das Humanidades.

O livro tem por espinha dorsal quatro capítulos: no primeiro, à moda aristotélica, trabalhamos com definições e contrastes, a definição de globalismo, seu contraste com o conceito de globalização e a necessidade desses esclarecimentos à luz da pobreza do debate das relações internacionais, especialmente no campo midiático. No segundo, já nos servindo da base bibliográfica ofertada pelo cientista político israelense Yoram Hazony, tratamos da noção de globalismo como imperialismo, usando os exemplos do comunismo e do nazismo. No terceiro, começamos a fornecer o estofo da tese central do livro, a ideia de que o iluminista Immanuel Kant, com suas obras políticas, é o pai do que chamamos de globalismo, tarefa que é concluída no quarto e último capítulo. Durante a redação e revisão da versão final, irrompeu o conflito entre Rússia e Ucrânia, o que nos obrigou a aproveitar a oportunidade para inserir os apêndices presentes no final desta publicação, em que trato sobre os blocos geopolíticos em geral, a inserção do Brasil nesse contexto, como essa discussão se relaciona com a Academia de Relações Internacionais e também sobre o conceito de Nova Ordem Mundial. Essa parte do livro enseja a possibilidade de ele ser igualmente interessante para leigos e acadêmicos.

Por fim, gostaria de registrar agradecimentos especiais aos amigos Laerte Lucas Zanetti e Yara Passarello, por toda empreitada de colaboração para a publicação do livro, a Luciano Oliveira, que sempre incentivou este tipo de empreendimento, a Alexandre Costa, o maior especialista no assunto, pela gentileza de ceder sua pena para compor esta obra, ao ministro Ernesto Araújo, que me honrou além do que mereço redigindo o prefácio, a Evandro Pontes, Paulo Henrique Araújo, Ivan Kleber, Flávio Gordon, Fernanda Takitani, Andréia Medrado, Diego Pessi, Rodrigo Ulguim e Juliana Taouil pelas contribuições com o presente trabalho. Agradeço ao professor Olavo de Carvalho, que também para este assunto abriu espaço a cotoveladas e solitário, trazendo autores não mencionáveis no Brasil para o debate e possibilitando que chegássemos até aqui.

André Assi Barreto
São Paulo, 23 de janeiro de 2022.

PREFÁCIO

Se a humanidade desaparecer ao longo destas próximas décadas, chegando ao verdadeiro "fim da história" desejado tanto por marxistas quanto por liberais, a causa não se encontrará no aquecimento global, nem numa catástrofe nuclear, nem tampouco em alguma pandemia, nem ainda na conquista do poder pelas máquinas. A humanidade corre o risco de desaparecer por inanição intelectual, pela perda da capacidade de entender o mundo e seus desafios a partir de um pensamento livre e íntegro. Esse processo de progressiva desnutrição mental e espiritual, esse avanço do "despensamento", pode e deve receber o nome de globalismo.

Globalistas de toda estirpe, que vivem de repetir lugares-comuns (e a isto, no fundo, se resume o globalismo, à produção, difusão e implementação de lugares-comuns), adoram referir-se à suposta urgência da "ação climática" para "salvar o planeta" pronunciando a frase: "Não temos Plano B porque não existe um Planeta B". Na verdade existe um gigantesco Plano B, o globalismo, que avança a cada dia na criação de uma Humanidade B, o ser humano desprovido da capacidade de pensar. Se esse plano realmente resulta de uma elaboração consciente por parte de atores claramente identificáveis ou da operação autônoma de um sistema que se autoprograma, ou ainda (talvez mais provável) de uma combinação de ambos, pouco importa. O globalismo se apresenta diante de nós como o mais destrutivo inimigo do ser humano jamais enfrentado.

O livro de André Assi Barreto traz uma contribuição valiosíssima para entendermos esse inimigo. A academia e a mídia recusam-se a sequer reconhecer a existência de algo que se possa denominar o globalismo, muito menos a estudá-lo a fundo. Nessa recusa vemos, aliás, um efeito do próprio globalismo, pois ela resulta do embotamento mental que rotula o globalismo como "teoria da conspiração" e assim o expulsa do espaço do discurso permitido. O globalismo não estuda nada, apenas rotula e rejeita. Certos fatos contradizem determinado dogma globalista? Fake news! Alguém procura reunir esses fatos e examinar a conexão entre eles? Teórico da conspiração. Alguém tenta ressuscitar o espírito científico e abordar uma situação a partir dos dados da realidade e não dos dogmas que aparecem na imprensa? Terraplanista. E assim por diante.

André Assi Barreto ataca de frente, com grande pertinência, agilidade e elegância esse "metadogma" do globalismo, o dogma da própria inexistência do globalismo, seguindo dois caminhos principais: o exame da questão do nacionalismo versus cosmopolitismo e a busca das origens filosóficas do globalismo na obra de Kant. Nos dois casos, deixa claro que o globalismo não só existe como age concretamente e possui um imenso pedigree filosófico que confere imenso prestígio às ideias que o compõem.

Ao longo do livro, Barreto aponta e explora inúmeros sentidos de pesquisa: os equívocos dos liberais diante do globalismo por pensarem o mundo apenas a partir da economia, o problema da supranacionalidade como uma das expressões (mas não a essência) do globalismo, a convergência do globalismo com o modelo chinês de sociedade de controle total, a relação entre globalismo e imperialismo, o caráter secundário da dimensão territorial do controle globalista frente ao caráter ideológico, e muitos outros. Entretanto, a investigação das origens intelectuais do globalismo no iluminismo e na filosofia de Kant parecem-me a contribuição decisiva deste trabalho. A ideia de que a razão humana basta para levar a humanidade à felicidade plena e à "paz perpétua", núcleo do pensamento de Kant na intepretação de Barreto, leva ao descarte da transcendência e de todos os elementos constitutivos do ser humano que escapam à razão. Talvez o primeiro clichê globalista tenha surgido quando Kant chamou toda a tentativa de compreensão da dimensão transcendente de um mero "sonho metafísico" do qual disse que despertou. Ora, sem o "sonho metafísico" temos a progressiva construção do pesadelo totalitário.

O homem é racional? Sim. Mas o homem é apenas racional? Não. A partir do iluminismo, consagrado na obra de Kant, vemos essa segunda resposta invertida em uma afirmativa que abre as portas para o que hoje constitui a enorme ameaça do poder globalista desumanizante. Todos os valores mais elevados e mais básicos ao ser humano residem na transcendência, nascem no sono metafísico: o bem, a liberdade, a beleza, o amor, a busca do sentido da vida. Nada disso vinga na aridez da razão exclusivista, da "razão pura" de Kant, cuja "crítica" torna-se com o tempo não uma crítica da razão como objeto dessa crítica, mas uma crítica de toda a existência humana a partir da razão totalitária e totalizante.

O globalismo configura hoje a extensão máxima do poder dessa concepção materialista. O ser humano submetido ao globalismo desaprendeu a pensar e enxergar seus problemas porque – ao longo de 250 anos – desaprendeu quem é, o que é. As raízes ou grande parte das raízes dessa ignorância – a terra arrasada onde a distopia globalista progride – estão justamente em Kant.

O tratamento do globalismo nessa perspectiva filosófica é portanto absolutamente essencial. Todos os que nos preocupamos com o globalismo e sentimos a necessidade de resistir-lhe ficamos devedores de André Assi Barreto pela análise que desenvolve neste livro tão enriquecedor. Mas, além de ajudar-nos em nossa reflexão, tenho a esperança de que o livro também auxilie pelo menos alguns membros do establishment brasileiro de política externa e do establishment intelectual em geral, tão soberbo em sua ignorância e tão confortável em sua indigência, a despertarem do pesadelo globalista.

Ernesto Araújo
Ex-Ministro das Relações Exteriores
Autor do "Curso de Logopolítica"
https://ernestoaraujo.com.br/

1 AS RAÍZES FILOSÓFICAS DO GLOBALISMO

O globalismo é um assunto que tem ganhado bastante popularidade, estando presente cada vez mais nos meios de comunicação e, muitas vezes, aparecendo de maneira desacreditada, sendo retratado como uma "teoria da conspiração"; então este primeiro capítulo se dedica a algumas definições. Serão trazidas algumas teorias e será feita uma distinção entre globalismo e globalização, pois muitos indivíduos confundem os conceitos. Muitos insistem em dizer coisas como: "globalismo e globalização são a mesma coisa. Globalismo não existe, é teoria da conspiração, tudo que há é globalização"; de forma que, na primeira seção, lidaremos e eliminaremos todas essas acusações e aparentes contradições.

Há pessoas contra o globalismo: antiglobalistas, nacionalistas, enfim, conservadores de certas cepas tendem a tecer críticas ao globalismo. Os defensores do globalismo gostam de confundi-lo com o cosmopolitismo — voltaremos, aliás, à palavra *cosmopolita*, cosmopolitismo, diversas vezes ao longo do livro, então é importante que haja um entendimento, desde já, com relação ao que nos referimos. A hipótese da "teoria da conspiração" precisa enfrentar o simples fato de que proponentes e defensores de peito aberto do globalismo existem e não medem nenhum esforço em esconder sua posição. Tomemos como exemplo a confissão do bilionário David Rockefeller em sua autobiografia:

> Por mais de um século, os radicais ideológicos nos dois extremos do espectro político se aproveitaram de incidentes muito divulgados, como meu encontro com Castro, para atacar a família Rockefeller pela influência desregrada que eles afirmam que nós temos sobre as instituições políticas e econômicas americanas. Alguns chegam a acreditar que fazemos parte de uma conspiração secreta que trabalha contra os melhores interesses dos Estados Unidos, *caracterizando minha família e a mim como "internacionalistas"* e de conspirar com outros em todo o mundo para *formar uma estrutura econômica e política global mais integrada* — um mundo, se preferir assim. *Se esta é a acusação, eu sou culpado, e me orgulho disso* (ROCKEFELLER, 2003, p. 433, grifos nossos)[1].

O cosmopolitismo, como a própria palavra conta, vem do grego *cosmos* e significa, entre outras acepções, "totalidade". *Cosmos* também quer dizer "universo", "a ordem da realidade"; porém, em nosso contexto, é interpretado como "o todo"; e "politismo" vem de *polis*, cidade. É a ideia de que todo o universo da realidade humana constitui a cidade universal, a cidade de todos. Todo mundo é cidadão do todo, não existem ou não deveriam ser relevantes as diferenças nacionais, de estado-nação etc. Portanto, não importa se o sujeito nasceu no Brasil, na Espanha ou nos Estados Unidos: todos os seres humanos são como cidadãos do mundo.

---

1 ROCKEFELLER, David. *Memórias*. Rio de Janeiro: Rocco, 2003.

Muitas vezes, o cosmopolitismo também aparece ou como sinônimo ou como algo profundamente atrelado ao "multiculturalismo". Normalmente, os meios de comunicação fazem uma confusão entre os conceitos de multiculturalismo, cosmopolitismo, globalismo, globalização, dando a entender que são todos praticamente a mesma coisa e que desrespeitar um deles é desrespeitar o pacote completo. É comum haver pessoas que veem o globalismo — ou esse cosmopolitismo — como uma possibilidade de fazer um intercâmbio nos Estados Unidos, na Irlanda, onde o cidadão encontra outros estudantes do mundo todo fazendo intercâmbio e todos dialogam entre si, em inglês, vão ao cinema assistir a um filme iraniano e depois saem para jantar em um restaurante chinês; há quem considere também que esse acesso a múltiplas culturas, o suposto multiculturalismo, é fruto do globalismo e é algo bom e um valor em si mesmo, e que quando alguns indivíduos falam contra o globalismo, eles estão batendo nisso e, evidentemente, remando contra essa maré de coisas supostamente boas.

A imagem da capa deste livro ilustra essa questão; diversas bandeiras, todas expostas em pé de igualdade em frente a uma organização internacionalista como a ONU. Todas as bandeiras juntas, como se diferenças não existissem ou não importassem, o multiculturalismo internacionalista é uma ideia que pode ser deduzida desse tipo de imagem (não é a única, mas pode), e as pessoas tendem a se confundir — outras gostam da confusão e do poder argumentativo que ela confere; consideram o globalismo como uma forma de convivência harmônica entre todas as nações proporcionada pela aceitação ampla das "múltiplas verdades" e culturas que existem.

Conforme aludimos, muitos tratam o assunto "globalismo" como uma teoria da conspiração, outra acusação que enseja um considerável conforto argumentativo, pois ninguém quer se identificar com teóricos da conspiração. Já empreguei várias linhas argumentativas para refutar essa insinuação, e uma delas é: "Bem, pessoas consideráveis estão discutindo globalismo, como há tantos discutindo algo que não existe?". A título de exemplo, cito o debate entre os políticos Nigel Farage e Vicente Fox[2], que travaram uma disputa sobre globalismo *versus* nacionalismo, com Farage tomando a trincheira nacionalista, e Fox, a globalista.

Alguém poderia replicar: "Ah, mas Nigel Farage é um extremista de direita". Certo, mas e seu oponente? O oponente dele tomou a posição... globalista! Ambos ratificaram a moção do debate. Dois renomados políticos, dois políticos importantes, mundialmente conhecidos, estão discutindo algo que não existe, uma teoria da conspiração? Não, isso não faz muito sentido. Considero esse um dos caminhos possíveis, um meio mais prático e rápido quando alguém afirmar que o globalismo é uma teoria da conspiração. Todo o restante desta obra oferece um *background* teórico que também serve para refutar esse tipo de insinuação.

***

Meu interesse por assuntos de geopolítica, relações internacionais e política internacional começou há muitos anos, e os motivos desse interesse são variados, sendo um deles o fato de a cobertura midiática dessas questões ser, primeiro, extremamente ruim e, em um segundo momento, ideologicamente enviesada. Quando se fala de assuntos de relações internacionais, política externa etc., há um profundo problema de desinformação. No Brasil, a menos que a pessoa faça algo como aquilo que comecei a fazer muito tempo atrás — buscar fontes diversas e internacionais, cruzar fontes e dados —, a probabilidade de o sujeito ser mal-informado ou até desinformado é muito grande, porque a informação que chega até nós é uma informação "papagaiada", já que todos os órgãos de mídia brasileiros replicam, ou mesmo fazem traduções diretas,

2 Disponível em: https://www.youtube.com/watch?v=wPz2N3099xI.

subscrevendo o conteúdo completo, o noticiário internacional a partir da *Reuters* e outras agências.

Isso sequer é uma crítica à agência de notícias britânica em si, embora ela possa ser criticada sem dúvida alguma. Ela é um conglomerado de mídia simpático ao globalismo, mas nem é esse o ponto, um dos problemas é focar tudo em uma única fonte. Inclusive, espera-se que o jornalista seja o profissional que cruza informações, que busca por mais fontes e as junta, para então fazer o seu papel de mídia, mediando a informação até o povo. Entretanto, faz muito tempo que na prática isso não acontece. O que vemos é uma replicação acrítica do que a *Reuters* diz, a qual é, normalmente, emulada integralmente pela mídia brasileira.

A cobertura de política externa no Brasil é, portanto, ruim e amadora, e, apenas depois, ideologicamente enviesada. Acredito ser importante fazer essa distinção. Antes de afirmar que a cobertura de política internacional e de política externa no Brasil é enviesada, de afirmar que ela tem um lado ideológico de esquerda marxista ou globalista, ela é ruim. E, mesmo seu papel ideológico, é um papel que ela cumpre mal.

Ela poderia fazer bem, mas faz mal, porque é muito amadora. Por isso, se as pessoas não se derem conta desses problemas, sempre estarão muito mal-informadas a respeito desses assuntos de política internacional. Quem viveu e acompanhou as coberturas dos dois maiores eventos políticos da década de 2010 — *Brexit* e a eleição de Donald Trump —, sabe muito bem como nenhum comentarista dessa mídia *mainstream* passou perto de antever esses acontecimentos, cabendo mais uma vez às figuras e meios alternativos a façanha.

Quando tomamos como exemplo o *Estadão*, a *Folha* etc., os principais replicadores dessas notícias, o que eles fazem? Fecham contratos com órgãos de mídias internacionais e traduzem. Quando se traduz material oriundo da *CNN*, do *The New York Times*, do *The Washington Post*, é algo muito ruim, porque amputa o trabalho de cruzamento de fontes. Se o jornalista brasileiro pesquisasse e produzisse a notícia de relações internacionais, de política externa, poderia, nem que fosse com duas fontes apenas, cruzar as informações, porém, como ele simplesmente traduz, pressupõe-se que o jornalista que escreveu a matéria original fez isso — só que normalmente ele não fez ou é ideologicamente enviesado —, e então apenas se copia e se reproduz o material.

Por que estou fazendo esta digressão nesta altura do livro? Porque isso se torna uma pedra no sapato para se estudar globalismo com seriedade no Brasil. Temos esse problema, entre outras coisas, muito por causa dessa ruindade da profissão midiática em fazer seu trabalho. As pessoas acabam acreditando somente no que passou por este crivo: se não saiu no *Estadão* porque não saiu no *The New York Times*, então é teoria da conspiração, não existe ou não importa, um clássico caso de falácia de apelo à ignorância.

Vejamos o exemplo a seguir.

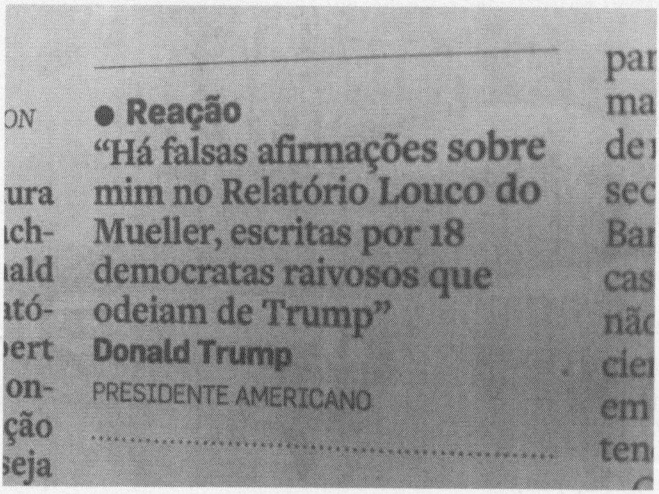

● **Reação**

"Há falsas afirmações sobre mim no Relatório Louco do Mueller, escritas por 18 democratas raivosos que odeiam de Trump"

Donald Trump

PRESIDENTE AMERICANO

Fonte: reprodução do autor.

Essa declaração foi publicada na edição impressa do jornal *O Estado de S. Paulo* do dia 26/4/2019. Tratava-se de uma matéria que descrevia a cobertura do relatório do procurador-geral Robert Mueller, de como Donald Trump teria sido beneficiado pela Rússia nas eleições de 2016. A seguinte acusação fora feita: "Os russos intervieram na eleição para favorecer Donald Trump e prejudicar os democratas". Foi realizada uma longa investigação, em que se chegou à conclusão de que, na verdade, nada disso havia ocorrido ou, pelo menos, poderia ser provado.

Observem como o *Estadão* traduziu o *tweet* do ex-presidente americano a respeito desse assunto. Quando afirmei o caráter amadorístico, não estava me servindo de figura de linguagem. E os dois elementos estão ali presentes: tanto o amadorismo de pescar o *tweet* original de alguma matéria internacional quanto um claro posicionamento ideológico contrário ao Trump. A mensagem provavelmente foi colocada em algum aplicativo de tradução automática, o que sequer deveria ser necessário, pois quem cobre política internacional deveria ter conhecimento básico de inglês. Simplesmente jogaram em uma plataforma de tradução, sem revisão alguma, e publicaram na edição impressa do jornal.

Portanto, esperar que a mídia, os jornalistas tenham competência e interesse em distinguir conceitos, diferenciar globalismo de globalização, de cosmopolitismo, de multiculturalismo, é uma ilusão, na medida em que não há nem mesmo esforço em traduzir corretamente um *tweet* de 20 palavras. Em suma, a cobertura da imprensa brasileira de política internacional é amadora em níveis inaceitáveis. E, conforme evidenciado, essa situação causa um enorme problema para se discutir a sério algo como o globalismo, e isso considerando que há quem enxergue no jornal citado um posicionamento ideológico mais à direita que à esquerda, o que, se fosse verdade, reforçaria ainda mais o nosso argumento: mesmo em veículos que não são abertamente de esquerda, a cobertura de assuntos internacionais pende descaradamente para esse lado.

***

Mas o que é o globalismo, afinal de contas?

Esse é um assunto a que retornaremos, evidentemente, ao longo do livro, mas gostaria de trazer, como uma primeira elucidação, a definição do Filipe Garcia Martins. Martins, então assessor de assuntos internacionais da presidência da República, nos ofereceu a seguinte explanação sobre o globalismo, que considero bastante precisa e sintética:

"O globalismo é a ideologia que preconiza a construção de um aparato burocrático..." — o globalismo, por conseguinte, é uma *ideologia* e tem relação com poder e com estruturas de poder; é uma estrutura de poder que depende, prescreve e exige a construção de um aparato burocrático e, portanto, um agigantamento estatal e coisas similares. Prossegue: *"(...) de alcance global, centralizador e pouco transparente — capaz de controlar, gerir e guiar os fluxos espontâneos da globalização de acordo com certos projetos de poder"*.

Observemos que o globalismo, por definição, é algo necessariamente mais amplo que a globalização. Assim, quando se tenta implementar projetos globalistas, muitas vezes, esses visam, entre outras coisas, tutorar a globalização em direção a seus interesses, normalmente não econômicos.

A globalização, por sua vez, é um processo particularmente *econômico* — não apenas, todos admitem, mas ela diz essencialmente respeito à economia, à capacidade de existir uma empresa americana que produz na China, cujos produtos chegam de maneira acessível ao Brasil, por exemplo. Isso é globalização e é, no geral, em uma primeira camada, algo bom, positivo.

Não raro, quando se tecem críticas ao globalismo, o liberal pode ter alguma dificuldade em apreendê-las ou aceitá-las, porque compreende a globalização como ele entende a economia; e, como se sabe, os liberais prestam muita atenção na economia. "Ah, o globalismo não existe, o que existe é globalização e a globalização é uma coisa boa". A globalização é, mormente, um processo econômico; e o globalismo, onde quer que tente se estabelecer como uma ideologia de poder, cria um aparato burocrático; logo, é algo que os liberais deveriam criticar, dado que eles supostamente são contra o agigantamento do Estado, e o globalismo pretende, justamente, tutorar a economia, que é outra coisa a que teoricamente se opõem.

Como havia pontuado há pouco, a globalização não se restringe apenas a um processo econômico. Há também uma globalização da informação: todos os indivíduos, hoje, por meio de aplicativos, podem conversar entre si em qualquer horário rapidamente, independentemente do lugar do mundo[3], desde que exista uma conexão à *internet*. Já o globalismo não se define pelo processo econômico da globalização, nem é uma mera consequência dela, como, por exemplo, o fato de a comunicação estar a cada dia mais global. Em verdade, o globalismo é uma ideologia que tem uma estrutura de poder e que demanda um aparato burocrático centralizado, algo bastante diferente da comunicação descentralizada.

Prossigamos com a definição de Martins: "*O globalismo, por outro lado, é a tentativa de instrumentalização político-ideológica da globalização...*". Conforme dito, o globalismo é maior ou se propõe a ser maior que a globalização e quer tutorá-la em favor de certas orientações ideológicas. "*Com a finalidade de promover uma transferência do eixo de poder das nações*". Assim sendo, um ótimo candidato a antagonista, no sentido ideológico, do globalismo é o nacionalismo. E o que um nacionalista faz? Ele deposita sua confiança na nação, no estado-nação; ele quer que seu país seja um eixo importante, um polo de poder, as decisões a respeito de uma nação têm de

3 Embora a rapidez com que isso ocorre seja uma novidade, o fenômeno em si não é exatamente novo. O historiador Niall Ferguson ilustra essa questão muito bem em sua obra *A Praça e a Torre: redes, hierarquias e a luta pelo poder global* (2019).

ser tomadas dentro dela mesma. Essas são ideias que o nacionalista propõe, enquanto o globalismo visa justamente isto, *"uma transferência do eixo de poder das nações para um corpo difuso de burocratas cosmopolitas e apátridas"*.

Tomemos, mais uma vez, a União Europeia como exemplo — é o projeto globalista de maior sucesso até agora. Toda a questão do *Brexit*, a saída do Reino Unido da União Europeia, girou em torno disto: as pessoas estavam cansadas de decisões pertinentes ao Reino Unido serem tomadas em Bruxelas por burocratas, por políticos que não eram ingleses, não eram britânicos. Em outras palavras, o poder estava saindo do seio da nação e indo para *"um corpo difuso de burocratas cosmopolitas e apátridas, que respondem não às comunidades nacionais, mas a um restrito conjunto de agentes de influência com acesso privilegiado a esses burocratas"*. Ou seja, é uma elite burocrática que se reporta a si mesma, sem se importar com o que a nação pensa ou considera mais importante. É possível verificar daí a clara diferença entre o globalista e o nacionalista; se você não é um globalista, muito provavelmente você é um nacionalista.

Continuando, *"o que, no limite, significa a substituição das democracias representativas por um regime tecnocrático e pouco transparente"*. A União Europeia não surgiu como um projeto globalista, ela se transformou nisso apenas depois. Inicialmente, tratava-se de um projeto de aperfeiçoamento da globalização, por meio da troca de mercadorias, transição de bens e serviços, de maneira facilitada, dentro dos países-membros do bloco. E isso poderia facilmente ser encarado como uma coisa boa — é globalização, é econômico.

Com o tempo, porém, a estratégia deixou de ser econômica e passou a ser política, tratando-se de "um regime tecnocrático e pouco transparente": se o sujeito está no interior da Inglaterra, estão tomando decisões por ele lá em Bruxelas, ele não sabe, não compreende, e, com o passar do tempo, isso vai se tornando cada vez menos transparente, o que é um forte argumento contrário a esse tipo de organização. O que as pessoas não conhecem, não conseguem controlar; se não controlam, como sabem que todas as decisões estão sendo tomadas em favor delas? Não sabem. E se elas não sabem, isso deve mudar, pois subverte o princípio básico da democracia representativa, em que os indivíduos eleitos diretamente pelo povo tomam as melhores decisões em benefício desse mesmo povo. Após o resultado de 52% de favorabilidade para a saída do Reino Unido da União Europeia, os proponentes da permanência alegaram que as pessoas não sabiam pelo que estavam votando e que não conheciam o funcionamento do bloco, e, por consequência, a saída seria um erro. Contudo, isso na verdade é um argumento pela saída da União Europeia, visto que, se as pessoas não conhecem, não podem controlar e avaliar as ações distantes de burocratas europeus.

Esses apontamentos oferecem tanto uma definição do globalismo quanto seu contraste com a globalização. Globalização é um processo econômico, e globalismo é um processo político. A União Europeia se configura como o melhor exemplo disso em termos práticos, concretos. Alguém poderia objetar: "Bem, o globalismo se estende pelo globo todo; como se estende pelo globo todo, a União Europeia não pode ser um exemplo, porque ela diz respeito apenas a alguns países da Europa, e não a todos". Claro, trata-se de um projeto! E que ainda está em curso, a despeito dos golpes do *Brexit* e outros políticos nacionalistas. Ao longo dos anos, a União Europeia foi aumentando drasticamente… e se não tivesse havido críticas excessivas a esse aumento, ao seu agigantamento, talvez o quadro atual fosse de uma Europa totalmente engolfada pela União Europeia.

Eis o que o ex-ministro das Relações Exteriores, Ernesto Araújo, disse sobre o globalismo: *"O globalismo está para a globalização como as mudanças climáticas estão para o climatismo"*. É mais um ótimo paralelo, que mostra como as duas coisas estão, na verdade, bastante distantes. Não é pelo fato de que acontecem mudanças climáticas baseadas na estrutura da natureza, na estrutura geológica da Terra e talvez em alguma influência do homem, que decorre uma concordância com o climatismo, que seria a ideia de que o sujeito precisa mudar radicalmente a indústria, parar de ter automóvel, deixar de ter filhos[4], abraçar árvore, dar beijo em planta... A diferença entre uma coisa e outra é muito grande, e a discussão acerca globalismo e globalização segue um caminho similar: não são coisas radicalmente distintas, contraditórias, mas estão muito distantes uma da outra, mais do que aqueles que não entendem a questão conceitualmente conseguem admitir.

Por fim, cumpre-se fazer uma menção inicial ao problema do doutrinarismo liberal, que será esmiuçado em detalhe no decorrer do livro — um dos "tiques" mentais que os liberais têm é enxergar tudo pela ótica da economia.

Quando se enxerga tudo pela ótica da economia, é possível que se considere o globalismo como a consequência lógica, necessária e boa da globalização. É perfeitamente possível que isso aconteça. É uma conclusão acertada, mas que certamente precisa ser relativizada, isto é, não quero sugerir que, em absoluto, todo liberal é ou será globalista, embora alguns certamente sejam ou virão a ser, pois há aqueles que veem o globalismo como o agigantamento estatal em nível internacional, uma ideia certamente nociva de uma ótica liberal. A partir do momento que se é a favor da globalização enquanto processo econômico, é quase inevitável que se chegue ao globalismo, caso não se ponha no horizonte limites que vão além das questões meramente econômicas. O globalismo pode ser visto como uma consequência inevitável da globalização, porque as disputas econômicas levarão ao apagar das fronteiras nacionais em favor do livre comércio em nível internacional, a queda das barreiras econômicas culminaria na queda de todas as barreiras.

---

4 Cf.: GODEFRIDI, Drieu. *O Reich Verde*. Santo André: Armada, 2021.

Alguns liberais, em especial os doutrinários e mais militantes, afirmam exatamente isso. Eles podem ter alguma objeção ou outra à forma, "deve ser um globalismo sem o aparato burocrático", mas o globalismo que está na mesa, o globalismo que está em voga não é esse globalismo ideal que surge como consequência do doutrinarismo liberal, que só enxerga economia. O globalismo que está aí é o que, entre outras coisas, agiganta não os Estados nacionais, mas algo ainda maior, um Estado supranacional: mais poder para burocratas, mais poder para políticos. Ou seja, o liberal poderia ser um aliado dos conservadores, dos nacionalistas, dos populistas, desde que tirem a fantasia do doutrinarismo liberal: "Se faz bem para a economia, faz bem para tudo; se passa pelo crivo da economia, passa em todos os critérios; ou, seja lá o que for esse tal de globalismo, ele é bom".

De que forma o doutrinarismo liberal pode errar? Globalismo significa que as fronteiras nacionais são cada vez menos importantes; e se elas são cada vez menos importantes, há uma consequência muito grande para, por exemplo, questões relacionadas a políticas migratórias. O liberal doutrinário pode replicar: "Mas a imigração é boa em todos os sentidos. Por quê? Porque traz mão de obra. Mão de obra, sendo barata ou não — e muitas vezes sabemos que será mão de obra barata —, gira a roda da economia, logo é bom. Vocês conservadores não entendem que imigração em massa é maravilhoso, porque não há nenhum aspecto cultural para ser considerado, é apenas a economia, é só a mão de obra que vai girar a engrenagem da economia". Esse é um outro momento em que o doutrinarismo liberal pode ser uma pedra no sapato e uma fonte de confusão quando alguém se posiciona contrariamente ao globalismo.

***

Façamos agora um pequeno intervalo histórico na nossa reflexão. Consideremos a seguinte afirmação: *todo imperialismo foi, em certo sentido, globalista.* Desde o Império Romano.

Por quê? O globalismo é a ideia que preconiza a existência de um poder que se estenda para além das fronteiras nacionais, até o ponto em que elas não existam mais. Quando, por exemplo, o Império Romano começa sua expansão, o que ocorre? Seu território vai se tornando cada vez mais global, ainda que, evidentemente, jamais tenha sido totalmente global. É sob essa perspectiva que todo imperialismo foi, em certo sentido, globalista; no sentido de que todo império *desejou* cobrir o globo completamente: o mundo inteiro ser romano, o mundo inteiro ser comunista, o mundo inteiro ser nazista.

Globalista como alguém que — pelo menos em teoria — deseja estender seu domínio por todo o globo. Quanto a esse ponto, antecipando eventuais objeções, vale citar o debate entre o filósofo Olavo de Carvalho e o diplomata Paulo Roberto de Almeida[5], em que este aponta como réplica ao conceito de globalismo o seguinte: "Esse negócio de globalismo é bobagem, porque nunca existiu e provavelmente nunca vai existir, um poder que se estenda pelo globo todo é impossível, é materialmente impraticável". Contudo, notemos: isso não impediu a existência de impérios. Os impérios estenderam seu domínio pelo máximo de território possível, só não expandiram seu poder para todos os lugares, porque de fato não foi materialmente possível. A teoria imperialista é estender seu poder ao máximo e, idealmente, para o globo todo. Depois, o fato de isso ser materialmente impossível, até onde é possível imaginar, não quer dizer muita coisa, como argumenta Carvalho: "Bem, a economia planificada do comunismo também não é realizável materialmente na prática, mas isso nunca impediu que os comunistas tentassem fazer isso" e, completa, "destruíssem muita coisa no processo". Além desses dois pontos, um

5 Disponível em: https://www.youtube.com/watch?v=CkgQhnApLow.

terceiro fato que parece escapar ao crítico que considera o globalismo sem relevância, porque não é totalmente realizável na prática, é que nunca na História[6] humana se dispôs de tanto aparato tecnológico de controle como nos dias de hoje, coisa que as polícias secretas de Estados totalitários sonharam em seus sonhos mais férteis. Intenções globalistas somadas ao modelo chinês de controle podem, de fato, entregar resultados nunca vistos.

O fato da impossibilidade material não quer dizer que aqueles que acreditam nessa teoria não tentarão colocá-la em prática; esse é um ponto que precisa estar claro. Os desejos, vontades e métodos do adepto de qualquer ideologia são tão interessantes quanto a concretização ou possibilidade de concretização de suas ideias. Ainda que impossível, e mesmo que sempre seja assim, isso não é um problema, pois os indivíduos que acreditam nesse tipo de teoria/projeto podem continuar existindo e propondo, para que se estenda pelo máximo de território possível. Em suma, isso não configura uma objeção real à ideia de globalismo.

O objetivo último de qualquer imperialismo ao longo da história era expandir seu poder para o mundo todo; o que foi chamado de imperialismo, é possível também nomear como globalismo. Essa tese, em específico, não é minha, mas do cientista político Yoram Hazony no livro *A Virtude do Nacionalismo*, que deslindaremos no próximo capítulo, além de outras de suas pertinentes observações sobre o assunto.

Neste primeiro capítulo, foi definido o conceito de globalismo, o qual foi contrastado com a globalização. Trago, por fim, algumas outras referências sobre o globalismo. Por quê? Porque este livro não é exatamente sobre o globalismo em si

6 Adotamos o seguinte critério para maiúsculas e minúsculas no uso da palavra "história": quando o uso é genérico (história das ideias, história da política, filosofia da história etc.), grafada em minúscula e quando a referência for à História da humanidade ou à ciência histórica, em maiúscula.

— ainda que esta seção ofereça um aparato para entender o que ele é —, mas sim sobre as *raízes filosóficas* do globalismo, sobre a origem dessas ideias. Muitas referências relativas a outros aspectos teóricos do globalismo podem ser encontradas nas notas de rodapé do livro *A Virtude do Nacionalismo*.

Trago também pelo menos treze autores que tratam de globalismo de um ponto de vista teórico. Todos esses autores citados tratam de doutrina globalista: definição, outros autores, ideias, implementação; passando pela questão das origens, das raízes, além da abordagem de outros tópicos de interesse.

São eles: Carroll Quigley, Michel Schooyans, Henry Lamb, Nicholas Hagger, Ted Flynn, Alan B. Jones, Cliff Kincaid, Gary Allen, Edward Griffin, William F. Jasper, John Fonte, Pascal Bernardin — que é conhecido pelos livros *Maquiavel Pedagogo* e *O Império Ecológico* — e Ian Bremmer. Nem todos esses autores são antiglobalistas, alguns são francos proponentes do globalismo, o que também coloca um curioso desafio para os que negam sua existência.

2 GLOBALISMO E IMPERIALISMO EM *A VIRTUDE DO NACIONALISMO*, DE YORAM HAZONY

O que foi estabelecido no capítulo anterior? Definimos os conceitos de globalismo e globalização, trouxemos algumas evidências de como a cobertura de assuntos de política externa e relações internacionais feita pela mídia nacional é ruim, e as consequências negativas disso para as pessoas que querem compreender o globalismo e as problemáticas em torno da questão. Então, prossigamos nas nossas reflexões, nas nossas conceituações, a partir do pressuposto de que esses conceitos estão estabelecidos, fundamentados e compreendidos.

Para este segundo capítulo, trazemos para a cena o comunismo e o nazismo, relacionando-os à nossa discussão sobre o globalismo. Algo estabelecido no capítulo anterior foi a ideia dos imperialismos históricos — citando Roma e o Império Romano como o primeiro exemplo de "globalismo". Agora falaremos de comunismo e nazismo, para reforçar a ideia de que "imperialismos" são globalistas em um sentido específico, na medida em que todo poder imperial normalmente não está restrito a um único território, isto é, "nacionalmente"; e, mesmo quando ele já comanda grandes territórios, o objetivo sempre é ampliar essa extensão. Os poderes imperiais costumam ser expansionistas, para usar os termos técnicos. O Império Romano foi mencionado, mas poderia ser — só para não parecer algo tendencioso — o Império Britânico, o Império Espanhol, Português etc., entre outros possíveis. E, conforme será visto, o comunismo e o nazismo também podem ser aproximados dessa conceituação.

Comunismo e nazismo então entram em cena. Atentemo-nos à simbologia do comunismo — com sua foice e martelo se estendendo por todo o globo. Observemos o brasão da União Soviética: nele, é possível notar que a foice e o martelo não recaem apenas sobre a Rússia ou sobre as repúblicas soviéticas, mas sobre o mundo inteiro. O que isso revela simbolicamente? Uma certa intenção. Inclusive, no interior do brasão, todos os continentes estão pintados com vermelho — temos aí uma certa noção de globalismo. Sabemos, historicamente, que o comunismo, principalmente o comunismo soviético, foi imperialista: primeiro a Rússia, depois as repúblicas soviéticas; ou seja, o território aumenta, o comunismo é desejoso de expansão territorial. Sendo assim, o brasão oferece um indicativo simbólico da intenção do comunismo de aumentar seu poderio, o domínio territorial para o globo todo, o que é basicamente o propósito do globalismo.

Não se trata de afirmar que o comunismo é igual ao globalismo ou vice-versa, apenas que ambos são tipos de imperialismo no que tange à tentativa de domínio total do território global. Aliás, em uma imagem que julgo muito boa para ilustrar a questão, uma criação do amigo e analista internacional Paulo Henrique Araújo, é preciso tomar muito cuidado com esta imprecisão conceitual e esta sede de classificar todos os fenômenos como "globalistas" ou "comunistas". Fazer isso é observar uma formiga com uma lupa e acreditar que se está vendo o horizonte inteiro, daí que tudo seja uma coisa só, dependendo do sopro do vento e da moda da vez. O globalismo é um braço do movimento revolucionário assim como o comunismo soviético. Não é necessário que um seja o outro para condená-los, até porque ambos fazem parte do mesmo movimento e, inevitavelmente, colidem em alguns aspectos. Pois, conforme assinalado, o comunismo tem como objetivo se estender pelo mundo todo, e o principal experimento comunista da História, que foi a União Soviética, em seu brasão, demonstrava isso: a foice e o martelo se expandindo pelo globo inteiro, todos os continentes em vermelho, como satélites soviéticos.

Ainda que não tenha sido bem-sucedida no mundo todo, a estratégia foi aplicada nos países que posteriormente comporiam a "cortina de ferro". Os comunistas tomam o poder por meio de um golpe na Rússia, e, depois, o que acontece? Os territórios adjacentes são conquistados. Ou seja, ocorre a expansão territorial típica dos imperialismos. Por que a União Soviética não se apossou de todo o planeta? Porque não foi possível, houve empecilhos ao longo do caminho, no entanto, se tivesse tido a chance de efetivar esse domínio global, certamente o faria.

Pensemos brevemente também no exemplo nacional-socialista. Situação similar ocorreu com a Alemanha nazista. É sabido na História que, para os nazistas, era muito importante a questão da expansão do espaço vital — *lebensraum*. Por razões estratégicas e de exploração de riquezas naturais, a Alemanha não podia ficar restrita ao seu território, ela precisava necessariamente expandir. Os Sudetos, a Tchecoslováquia, a Dinamarca eram regiões estratégicas com saída para o mar, com uma quantidade de petróleo, minérios etc., formando o chamado Espaço Vital, o qual a Alemanha nazista desejava absolutamente, à típica moda imperialista.

Os impérios desejam ampliar seu território, pois isso implica em aumento de poder, levando um certo lugar a ser a força predominante em territórios importantes, estratégicos, ricos etc. Vale salientar que esse é o movimento clássico do imperialismo de expansão territorial, primordialmente por meio da invasão belicista. Hoje em dia, porém, existem outras formas de estabelecer um domínio imperial, em que a questão territorial não é o carro-chefe. Isso é particularmente interessante para pensar o globalismo, porque este, muitas vezes, aplica seu domínio por intermédio de mecanismos burocráticos, comerciais, políticos e financeiros, legando a questão territorial a um caráter secundário.

***

É útil, para a compreensão do assunto, a leitura da obra de Yoram Hazony, *A Virtude do Nacionalismo*[7] (2019) — eleito o principal livro conservador de 2018 —, com a brilhante tradução de Evandro Pontes. Já fiz uso de alguns conceitos do livro, de forma implícita, como o de que o imperialismo é o verdadeiro problema, e não o nacionalismo. O nacionalismo como a solução e o imperialismo como o problema é uma das teses apresentadas. A obra tem uma contribuição secundária a si própria, mas essencial para o que se propõe neste trabalho, que é a questão da efetiva origem das ideias globalistas. Poderíamos afirmar, de maneira não muito precisa, que os estoicos foram os primeiros "globalistas". E em que sentido teriam sido os primeiros globalistas? Pelo fato de terem sido os primeiros a propor um ideal de "cidadania global racional", a ideia de cosmopolitismo, de ser "cidadão do mundo". Entretanto, as raízes filosóficas do globalismo não estão exatamente nos estoicos, pois, apesar de ser possível encontrar a ideia de um cosmopolitismo nos estoicos, a conversão desse ideal num imperativo

7 Atualmente, vejo algumas questões problemáticas com a obra de Hazony, como, por exemplo, a crença indisputada de que o judaísmo é uma religião essencialmente nacionalista, em todas as suas vertentes e escolas, e suas críticas ao catolicismo, como tendo inerentemente um projeto "globalista" dentro de si. A despeito disso, o histórico das ideias feito pelo autor, o estabelecimento de conceitos e muito da tese central continuam essencialmente verdadeiros e corretos.

organizado, vinculado a um sistema de pensamento e convertido em ideologia, ocorre em outro momento da história.

Algo para o qual o cientista político israelense chama a atenção em sua obra é que devemos apontar parte das nossas críticas para o "próprio quintal", especialmente quando se trata do assunto dominância global. Os neoconservadores, por exemplo, devem ser rechaçados em sua intenção de exportar a "democracia liberal americana" mundo afora. Se a democracia liberal vai muito bem nos Estados Unidos, ótimo! Mas isso não significa que os americanos devam impor ou importar esse modelo para outras nações, até porque essas outras nações podem estar indo muito bem sem a democracia liberal. Podem estar em perfeita harmonia com uma monarquia, até com formas autoritárias e claramente não liberais e não democráticas, como o Iraque de Saddam Hussein ou a Síria de Bashar al-Assad[8]. Criticar a ideia de que o "excepcionalismo americano" precisa ser necessariamente exportado para o mundo é uma das consequências da leitura do livro de Hazony, algo que ele mesmo faz.

O que seria, então, o "globalismo moderno", que não é exatamente o "globalismo" que observamos nos filósofos estoicos? Quando tratamos das "raízes do globalismo", estávamos nos referindo ao globalismo moderno. Não se trata de nada que tenha sido vislumbrado pelos gregos ou romanos, embora seja possível fazer essa leitura retroativamente — com muito cuidado, porque este é o problema histórico do anacronismo, isto é, aplicar as ideias do presente no passado, e não devemos rumar nessa direção.

---

8 Note-se que, a princípio, apenas cito o argumento, sem aderir a ele, embora a objeção seja de fato legítima e faça ainda mais sentido quando, por exemplo, analisamos retrospectivamente as guerras do Iraque e da Síria, e suas consequências desastrosas. Isso sem incorrer no *a priori* e característico antiamericanismo que grassa entre os analistas de política internacional de esquerda e até de direita.

Tratamos, portanto, muito mais desse globalismo moderno, que é justamente o termo presente nas análises sobre o assunto; e é a esse globalismo que Yoram Hazony, Nigel Farage e outros se referem. O globalismo moderno tem esta aparência de difusão, ele se parece e se vende como algo assim, difuso e com ares de cosmopolitismo. No globalismo, em verdade, o sujeito é o cidadão europeu, e não italiano ou espanhol. Um cidadão italiano, uma pessoa com cidadania italiana pode morar na Alemanha, na França, na Espanha, em Portugal, na Holanda etc. Então, tecnicamente, esse sujeito é cidadão de todos esses países. E isso é uma espécie de cosmopolitismo, e as pessoas gostam de pensar no globalismo desse modo. “Isso é globalismo! Isso é bom, como assim você pode ser contra uma coisa dessas?”. Não posso me furtar de citar a paródia do amigo Luiz Marcondes, ironizando um certo jornalista global (sem trocadilho) que cobre assuntos internacionais:

> Na verdade, você tem várias etnias ali, os sunitas curdos do Cazaquistão tiveram um conflito sério com os gauleses egípcios do sul de Rakiffa, capital do Curdistão, o que causou uma cisão profunda entre a população de romenos telepatas do norte da Ásia, e isso tem levado a uma reação de muita xenofobia na Europa, o próprio Hamin Ahlan Bassin se pronunciou sobre isso numa mesquita na Islândia, o Alcorão não prega a violência, mas Donald Trump e a extrema-direita insistem nesse discurso de ódio, só porque alguns radicais matam e explodem os outros, então a situação é muito séria, o que tem reflexos em Raluffa, cidade no leste da Síria, que inclusive eu conheço muito, morei 36 anos ali, cidade pacífica, cheia do folclórico comércio local de bandeirolas pretas praticado pelos muçulmanos xiitas, um lugar maravilhoso que chegou até a ser chamado durante o governo de Pudihr Akallattt de “a Califórnia do Oriente”, então você vê agora a Europa com o Brexit mostrando racismo e intolerância com uma cultura que tem

> muito a nos ensinar, inclusive minha avó por parte de mãe era síria de Chabullah, cidade pitoresca que fica a 18 km de Kalulah (...).

Muitas pessoas, sub-repticiamente ou por ingenuidade burra, querem dar a entender que o globalismo é algo como o que foi ironizado na paródia: cosmopolitismo e politicamente correto como a grande ordem internacional.

***

Retomando o argumento: o globalismo tem por método de implementação direto não a guerra, mas a burocracia, o agigantamento estatal. Afinal, como o globalismo se instala? Ele não é apenas um sentimento cosmopolita já presente nos gregos ou como gostam de identificar a turma da imprensa e os pró-globalistas. "o globalismo é esse cosmopolitismo, é poder ter acesso a várias culturas no mesmo lugar". Não! O globalismo é uma ideologia, que tem uma proposta de poder que envolve estruturas burocráticas, que, por sua vez, implicam em agigantamento estatal desprendido das fronteiras nacionais. Esse é, reitero, o seu grande método de implementação, é assim que o globalismo se efetua, e não por meio da guerra (conforme já dito, como no caso dos imperialismos históricos). Para compreender isso definitivamente, como o globalismo é uma ideologia defendida por um grupo de poderosos, com uma forte veia imperialista, sugiro a leitura de *The Anglo-American Establishment*, de Carroll Quigley[9].

A expansão romana muitas vezes envolvia um conflito bélico; a expansão comunista e a nazista tinham, como método

9 O livro é uma história do Milner Group, um grupo de notáveis americanos e ingleses, que se reuniam secretamente para discutir maneiras de garantir e expandir a presença do Império Britânico no mundo. Quigley, a propósito, como afirma na introdução do livro, descreve o grupo de um ponto de vista *histórico* e de simpatizante das ideias do grupo.

de implementação, a guerra. Isso que chamamos de globalismo, especialmente o globalismo moderno, não se implementa necessariamente e em suas fases iniciais pela guerra. Não chegamos ainda em estágios em que a guerra está diretamente envolvida na implantação do globalismo. Não se trata de dizer que a guerra está descartada, somente que o método de implementação direto e primeiro não é a guerra.

A título de exemplo da questão da burocracia e do agigantamento estatal: existem legislações da União Europeia que obrigam os países-membros a aceitar quotas de refugiados. Há um caso semelhante em curso, motivado por legislação envolvendo a questão de gênero, que é o da Hungria, que se recusou a atuar por esses ditames e pode deixar o bloco ou sofrer as sanções que seu descumprimento implica.

Então, se um país é membro da UE, precisa seguir certas leis e características; não é um simples "quero ser membro, quero entrar". A UE alega não ser um clube, contudo, para que se faça parte desse grupo, é necessário aceitar as regras desse "clube". E, curiosamente, uma das regras desse "clube" é que, uma vez dentro, o sócio praticamente não pode deixá-lo. Esse também foi um problema, mais uma vez citando o *Brexit*, no Reino Unido[10], em que algumas das principais pautas foram a questão dos imigrantes e da exploração de seus próprios mares. Quem decidia e queria decidir era a União Europeia, por meio de leis decretadas por burocratas. E quanto mais poder se dá aos burocratas, mais o Estado cresce e maior é a distância entre as pessoas comuns e o poder.

No caso da UE, na verdade, se trata de um superestado. A União Europeia não é um Estado, mas uma união de vários Estados, em que há uma espécie de estrutura estatal paralela que se sobrepõe aos estados-nação. Se passar na União Euro-

10 BARRETO, André Assi. Brexit: a primeira vitória de uma revolta nacional e soberanista. In: COSTA, Alexandre, *As Várias Faces da Nova Ordem Mundial*. Campinas: Vide Editorial, 2021.

peia, por exemplo, uma lei dizendo que todos os membros têm de aceitar 50 mil refugiados, então todos eles têm de aceitar 50 mil refugiados. Ou seja, o estado-nação não decide, quem decide é esse todo, esse grupo maior que não é exatamente o Estado (embora tenha bandeira própria, hino, parlamento etc.) e que opera por meio de uma burocracia e legislação de agigantamento estatal.

Apesar de o método de implementação do globalismo não ser a guerra, como pontuado anteriormente — pelo menos não de início e não diretamente —, fala-se, há pelos menos uns oito anos, em exército da União Europeia. Essa foi uma das principais linhas de denúncia do eurocético Nigel Farage: "Olha, nós, Reino Unido, estamos na União Europeia, mas, espere aí, somos Reino Unido ou União Europeia?". Ou seja, cada vez mais o bloco europeu se parece com um país, com um Estado; e uma das características de um Estado é ter um exército. Farage, então, prossegue: "A União Europeia está querendo fazer um exército! Espere aí, isso daí precisa ser discutido, tem que ser avaliado. Mas então se o Reino Unido, por exemplo, não cumprir uma decisão prevista na legislação da União Europeia, a UE vai usar o seu exército contra o Reino Unido, já que agora ela vai ter um?".

Esse tipo de questão começou a surgir e contribuiu para fazer muitos refletirem a respeito da permanência e ser membro desse "clube", da União Europeia. Muitas pessoas estavam tentando vendê-la como "os Estados Unidos da Europa": "Os Estados Unidos não são um país de sucesso, uma democracia liberal? E seus estados não mantêm uma certa independência? Então por que não fazer o mesmo aqui na Europa, em troca de ganho geopolítico?". Mas vender esse tipo de discurso era muito complicado, porque a ideia de concepção dos Estados Unidos era completamente diferente, sendo que os observadores mais espirituosos dizem que a União Europeia está mais para União das Repúblicas Socialistas Europeias que para Estados Unidos da Europa.

A questão da guerra, militar e bélica, pode ser compreendida como um estágio. O estágio atual do globalismo ainda não demanda que ele atue por meio da guerra diretamente e que ele tenha um exército. Então, esse é um caso ainda um pouco incipiente, que pode ser interpretado como "queimar a largada", não sendo de todo absurdo e dando sinais esporádicos esparramados aqui e ali. Talvez essa perspectiva tenha perdido alguns anos com o *Brexit*, talvez isso tenha que ser adiado. O fato é que não há, por ora, uma atuação globalista por meio da guerra, das forças armadas, porque ainda não se chegou nesse estágio, e não exatamente por alguma oposição franca à possibilidade. Apesar de o método direto de implantação do globalismo não ser a guerra, fala-se em exército da União Europeia, conforme a reportagem *Europe is ready for its own army*[11], da *Foreign Policy*, revista de política externa. A ideia de um exército da União Europeia foi encabelada por Angela Merkel e Emmanuel Macron, pela Alemanha e pela França, que são, realmente, as cabeças do bloco europeu. Nenhum alarmismo é necessário, mas o sinal amarelo deve estar aceso para bons observadores.

Após esclarecer o que é esse "globalismo moderno", distinto do espírito cosmopolita que eventualmente encontramos nos antigos, vejamos algumas notas e observações a respeito do globalismo "não moderno", de maneira que possamos rastrear adequadamente a origem do primeiro nos capítulos posteriores.

Do ponto de vista histórico, é muito importante que se compreenda, que se distinga entre o espírito cosmopolita antigo e o globalismo "liberal" moderno. Como foi pontuado, a ideia de um cosmopolitismo e de que todo homem é cidadão do mundo já se encontrava nos filósofos estoicos, conforme demonstra Hazony (2019, p. 34): "(...) o estoicismo está inti-

11 Disponível em: https://foreignpolicy.com/2019/09/05/europe-is-ready-for-its-own-army/. Acesso em: 15 fev. 2021.

mamente relacionado à ideia de uma "cidadania mundial" ou cosmopolitismo, descendente de Diógenes, o cínico".

Mesmo que não sob o nome de "globalismo", a ideia foi relevante também, no entendimento de Hazony, para a Igreja Católica, especialmente durante o Sacro Império Romano-Germânico, à época da Alta Idade Média. Esse é um ponto polêmico, pois o cientista político afirma que no catolicismo existe particularmente uma certa "veia globalista". Os esforços da Igreja para ampliar a Cristandade seriam um exemplo de imperialismo/globalismo praticado, defendido e recomendado pela instituição, ao passo que a ideologia não se aplica ao protestantismo, em que isso não existiria ou não existe; e muito claramente, segundo compreende, não existe no judaísmo (cf. HAZONY, 2019, p. 34, 54-57).

Ainda que as teses guardem algum grau de polêmica, o israelense não deixa de ter uma interessante erudição, que propicia o cruzamento de múltiplas fontes para fundamentar suas teorias. Ele trata os assuntos, por exemplo, biblicamente, do ponto de vista da Torá, em que está muito claro que Yahweh[12] estabeleceu as leis que Ele determinou para o povo de Israel, ou seja, o território de Israel (no caso, referimo-nos ao Israel bíblico) tem leis dadas por Yahweh que devem ser aplicadas apenas no Estado de Israel, e os israelitas não devem querer que essas leis sejam implementadas em outros países. A leitura pode ser relativizada, contextualizada e até disputada, é claro, mas é bem embasada.

Em suma, o que Hazony estabelece? Ele "rivaliza" um certo "globalismo católico" com um "nacionalismo protestante", dizendo que o catolicismo estaria mais em uma frequência "globalista", mais harmonizado com o globalismo, enquanto o protestantismo estaria mais apto a se harmonizar com o nacio-

12 Yahweh (YHWH), ou Javé em algumas traduções para o português, é a transliteração de יהוה, o nome do Deus de Israel.

nalismo. É uma tese, creio eu, secundária no livro de Hazony. Enfim, as discussões são sempre possíveis, e não poderia deixar de dimensioná-las neste trabalho, em que usamos a obra do cientista político israelense como base.

3 OS FUNDAMENTOS DO GLOBALISMO: ILUMINISMO E KANT

Nos capítulos anteriores, foram superados alguns problemas teóricos e lugares-comuns sobre o assunto em questão, ideias do senso comum relacionadas ao globalismo, em contraste com a globalização, saindo das teorias especulativas, teorias da conspiração. Especificamente no capítulo anterior, aprofundamo-nos na obra de Yoram Hazony, na questão do imperialismo e traçamos uma distinção muito significativa entre o globalismo moderno — o objeto do presente trabalho — e o espírito cosmopolita dos antigos.

Quando se fala em raízes filosóficas do globalismo, talvez quem tenha alguma ideia do assunto diga: "Ah, mas o George Soros[13], que nomeou sua empresa filantrópica como Open Society

13 Há muito George Soros se tornou a "face pública" do globalismo, concentrando em si todos os ataques oposicionistas à ideologia. Também há muito acredito que isso seja um movimento estratégico, com vantagem para as forças globalistas. Soros opera como uma espécie de boi de piranha, atacado o tempo todo, enquanto outros passam desapercebidamente. Essa desvantagem estratégica encontra eco na pobreza dos

Foundations, em referência ao conceito de 'sociedade aberta' de Karl Popper, seria então essa ideia de sociedade aberta, essa noção liberal, a raiz filosófica do globalismo?". Na verdade, não. Essa é a única menção que faremos a Karl Popper, pois, ao praticarmos adequadamente o exercício anamnético e de arqueologia das ideias citado anteriormente, não é até ele que chegamos e paramos, embora seja perfeitamente possível passar pelo filósofo austro-britânico no caminho para trás.

É a partir daqui que recuaremos um pouco mais. Popper redigiu suas obras no século XX, mas acreditamos que a resposta esteja ainda um pouco mais atrás no tempo histórico. Onde estão, então, as raízes filosóficas do globalismo? Considerando não a existência de uma proposta ideológica e fechada de globalismo, já que este não existia propriamente, mas algum tipo de fundamento e ideia filosófica subjacente, que viria a inspirá-lo e sustentá-lo — e essa será nossa abordagem daqui em diante.

Acredito que essas raízes se encontrem no Iluminismo, mais especificamente em seu racionalismo. Quais são os fundamentos e os preceitos iluministas que abrem caminho para o globalismo?

O Iluminismo, como muitos devem se lembrar, é retratado pelos manuais como um período de revolução científica que é crítica à religiosidade, à superstição e à Igreja, e que propôs a filosofia como potencial substituta para a teologia e o filósofo como potencial substituto para o sacerdote. O movimento iluminista ofereceu uma valorização muito grande da razão humana: qual seria a fonte de conhecimento verdadeiro, de conhecimento seguro? A razão humana, muitas vezes com a letra "R" maiúscula, o que posteriormente se solidifica como

ataques, descrita no capítulo anterior, de tentar simplesmente classificar o globalismo como "comunismo" e George Soros, por consequência, como um "globalista". O prevalecimento desse jogo retórico pobre só faz render vitórias aos globalistas.

um movimento denominado "racionalismo", algo de suma importância para discutirmos neste nosso estudo. Mas, afinal, como o racionalismo era entendido? É mais ou menos como uma questão de razão matematizante — quando se compreendem as regras da aritmética, por exemplo, é sabido que a soma de dois com dois resulta em quatro. Se você tem consciência da verdade das regras da aritmética, não é possível chegar a outra conclusão. Em última instância, o racionalismo almeja, para todo o conhecimento, esse tipo de certeza matemática.

O racionalismo também tem como pressuposto de que todo mundo é dotado de razão, e caso se aplique a razão própria e adequadamente às pessoas, todas elas devem chegar à mesma conclusão. Isso é um corolário do racionalismo. Embora essa questão, muitas vezes, não tenha sido expressa claramente, o racionalismo traz isso como conclusão lógica inevitável. Então, quando se tem a razão como fundamento, como pedra de toque do que é verdadeiro, científico e correto, haverá acordo universal, basta que todos calibrem seu pensamento pelas mesmas regras racionais, tal como na matemática.

Talvez não esteja absolutamente claro, mas já é possível estabelecer um elo com a ideia do cosmopolitismo. Todos são iguais, logo todos são, potencialmente, cidadãos do mundo, irmãos, é uma irmandade global. Então há aí um certo rechaço do que se poderia chamar de "tribalismo". O tribalismo traz em si a ideia do "eu sou eu, você é você", minha "tribo" é a minha tribo, a sua é a sua, somos substancialmente diferentes, e não há problema algum em admitir isso. Somos todos coisas distintas. É um lampejo da ideia do estado-nação: "Eu pertenço ao estado-nação X, você pertence ao estado-nação Y". Há um muro, uma fronteira entre nós, coisas que nos separam e nos distinguem. Mas o racionalismo vai contra essa percepção e enseja, por seu turno, o cosmopolitismo. Não importa se fulano é brasileiro, sicrano é espanhol e beltrano é russo. No limite, somos racionais e, se usarmos a nossa razão corretamente, chegaremos à mesma conclusão, independentemente do fato de um ser russo e o outro brasileiro, da mesma maneira que o resultado de uma equação matemática é idêntico em qualquer lugar do planeta, a despeito de quaisquer características tribais.

Em outras palavras, há um corolário cosmopolita no racionalismo, que ora está explícito, ora não. A partir dos elementos citados, tem-se exatamente isto: se cada indivíduo operar com base na razão, então todos eles, por conseguinte, serão "um só" — pelo menos, no campo do pensamento, tudo será unívoco. Os demais aspectos são "perfumaria", descartáveis. Só o que importa é a razão e a razão leva ao mesmo lugar.

Um dos pontos que podem ser extraídos disso é que não se pode dizer que "os iluministas foram globalistas". O que afirmamos trata-se de outra coisa, a saber, que a raiz da ideia está no Iluminismo, ainda que tenha se desenvolvido em outro momento. É possível que iluministas, vendo o globalismo desenvolvido em ideologia, o tivessem rechaçado. E mesmo alguns favoráveis ao estado-nação podem ser encontrados, caso se faça uma pesquisa nesse sentido. Ninguém no Iluminismo compôs o globalismo como ideologia pronta e completa, e, mesmo quando assume essa forma, não significa que teria sido aprovado por todos. Entretanto, o surgimento de um corpo distinto e razoavelmente bem delineado de bases filosóficas para uma governança não baseada em fronteiras, de natureza cosmopolita, de fato ocorre no Iluminismo.

A partir disso, é possível observar as consequências modernas do racionalismo nos campos político e econômico, e vislumbrar em pensamento: "É possível encontrar um certo fundamento filosófico para o globalismo no racionalismo". Ou, ainda, na economia planificada — a ideia de que a razão humana pode conhecer tudo. Por que não seria viável, então, alguns iluminados se reunirem, sentarem-se juntos e entrar em um acordo acerca do destino total da economia, planejando-a detalhadamente; por que não fazer isso, se a razão humana enseja essa possibilidade?

O que se quer dizer exatamente? Os filósofos iluministas foram ou seriam proponentes da planificação econômica, aprovariam algo como a planificação econômica se a tivessem visto em vida? Não exatamente. No entanto, se alguém juntou os pontos, e com uns quatro, cinco, seis passos mais para frente chegou a essa conclusão, então não é absurdo. O encadeamento lógico natural simplesmente foi seguido. Talvez a semente estivesse lá, seguindo seu curso natural de germinação tempos depois.

Portanto, se o entendimento é de que a razão humana é capaz de abarcar a totalidade das coisas, por que não fazer isso na economia? Uma das consequências desse modo de pensar é que não sobra muito espaço para a subjetividade[14]. A subjetividade passa a não importar, pois os indivíduos devem empregar a razão e, quando a utilizam, devem chegar sempre à mesma conclusão. Ter-se-ia, assim, uma espécie de economia 100% objetiva, já que estaria calcada na razão.

***

Por trás de tudo isso está a crença no acordo absoluto. Está embutida a ideia de que é possível estabelecer um acordo. Posteriormente, na história das ideias, críticas feitas ao Iluminismo, ao racionalismo, apontarão justamente para esse fato. A ideia de que é possível chegar a verdades universais com as quais todo mundo concorda será alvo de boas e diversas críticas. Verdades universais existem, mas gerar um acordo quase absoluto a respeito delas é um tanto ilusório e pueril. (É importante lembrar e salientar que isso é um pressuposto fulcral para os iluministas, que está nas raízes de suas crenças.) Pensemos novamente na imagem da semente: há a sementinha,

14 Vale citar o trabalho de "filosofia da economia" posto pela Escola Austríaca de Economia, que exibe de maneira magnificente o papel da subjetividade na economia.

que enraíza e pode gerar uma árvore gigantesca. O que essa árvore tem a ver com a semente? Bem, depois de se tornar uma árvore de cem metros, muito pouco. Mas ela começou ali, então há, certamente, um elo que tem de ser considerado.

Aprofundemo-nos e apresentemos algumas evidências teóricas. O livro *The Heavenly City of the Eighteenth-Century Philosophers*, de Carl Becker, é uma delas. A referência é a "cidade celestial" dos filósofos do século XVIII. Notemos que a ênfase é em "cidade", logo, se trata de política. O que importava era a "cidade celestial"; o que os padres, os teólogos e os clérigos pensavam para o pós-vida, para o Paraíso, para a vida celestial, os filósofos iluministas do século XVIII dessacralizaram, trouxeram para o plano histórico e terreno. E o que Becker afirma na obra? Que os filósofos iluministas precisavam de uma alternativa racionalista, pois queriam algo que fosse explicado e abarcado pela razão, desprovido do caráter teológico da discussão até então. Assim, os filósofos precisavam de uma alternativa racionalista para o paraíso e a governança perfeita oferecidos pelas religiões (e que só se realizam em um plano não histórico).

As religiões têm uma versão de perfeição em que qualquer conflito envolvendo política, guerra etc., será sanado; no entanto, caso haja descarte do aparato metafísico que está embutido, evidentemente, deixa-se de dispor dessa solução para os problemas terrenos. Os filósofos iluministas, que estavam descartando esse âmbito metafísico, não histórico, precisavam oferecer uma alternativa histórica e, inevitavelmente, imanente. "O que vamos oferecer como alternativa para o paraíso *post mortem* dos religiosos?". Lembremo-nos da premissa inicial: há o elemento da razão como pedra de toque absoluta e, se todos a empregarem corretamente, haverá uma concordância plena. Desse modo, que tipo de ordem política pode ser oferecida tomando esse pressuposto como dado inicial?

Tratemos das decorrências dos pressupostos dos filósofos iluministas, segundo Becker. Primeiro: o homem não é mau por natureza — os filósofos iluministas acreditavam que o ser humano não é mau por natureza, mas que se torna mau por outras questões, mesmo porque dezenas de teorias para colocar o homem em uma rota "melhor" estavam prestes a ser oferecidas; era necessário, portanto, garantir a eficácia delas.

A ideia oposta está muito presente em algumas religiões, a ideia da imperfeição constitutiva do homem, de pecado original (Dizer que o homem é mau por natureza é algo que nem toda religião professa abertamente. Contudo, há uma aceitação em toda religião de que o homem é imperfeito).

O homem é imperfeito — consideremos a questão do pecado original para o cristianismo, mesmo que pensemos em outras religiões —, praticamente nenhuma religião professa a perfeição humana, visto que a religião significa *religar* o indivíduo com o que está fora da realidade humana. Se o homem fosse perfeito, ele não precisaria se religar com nada.

Segundo pressuposto: a finalidade da vida é a vida mesma. Uma premissa que também vai contra a religiosidade em certo sentido, pois, em cosmovisões religiosas em geral, a finalidade da vida não é a vida mesma, e sim a vida eterna, a comunhão com Deus, a alma no Paraíso. Assim, para os filósofos iluministas, a boa vida na Terra é preferível à vida beatífica pós-morte. O "sumo bem" (*summum bonum*) é substituído pelo "bem comum" (*bonum commune*). Em outros termos, o que se tem é a vida presente, dentro da história, no plano terrestre. E o bem comum nada mais é do que almejar uma ordem social perfeita ou o mais perfeita possível.

Terceiro pressuposto: o homem é capaz, guiado apenas pela luz da razão — o que é relevante — e da experiência, de aperfeiçoar a boa vida no plano terrestre, isto é, a razão e a experiência humana são capazes de aperfeiçoar a boa vida terrena. Notemos que, para um filósofo iluminista, rejeitar esse âmbito transcendente é a consequência inevitável, pois a natureza é tudo o que existe, é tudo o que resta para quem descartou a transcendência. Todos esses são pressupostos filosóficos compartilhados pela maior parte dos filósofos iluministas e racionalistas citados por Becker em *The Heavenly City of the Eighteenth-Century Philosophers*.

A FIGURA DE IMMANUEL KANT

Se estamos a falar de Iluminismo, de racionalismo, não podemos deixar de mencionar Immanuel Kant (1724–1804). Kant não era exatamente um racionalista, mas estava profundamente atrelado ao conflito entre empiristas e racionalistas.

Kant é um símbolo, um ponto alto do Iluminismo, sendo uma figura importante para tentarmos compreender as raízes filosóficas do globalismo. Embora a ideia de localizar a questão exatamente em Kant não seja nova (o próprio Hazony a cita em seu livro *A Virtude do Nacionalismo*), nunca a vi sendo devidamente explorada fora dos círculos da comentariologia kantiana[15] e dentro das discussões mais próximas de nós, em que a preocupação do dia costuma ser "a salvação da civilização ocidental das mãos de George Soros" e outros jargões de baixo nível que pouco contribuem com o aclaramento de questões e em mostrar o problema para as pessoas que ainda não compartilham dos mesmos sentimentos que nós.

Era prussiano, costuma-se considerá-lo alemão (hoje a região da Prússia é a Polônia, que na época era território alemão). Em Kant, é perfeitamente possível enxergar algo característico — ou como uma grande característica do pensamento alemão —, a tendência ao pensamento puro. Existe uma anedota que diz o seguinte: se um inglês quer conhecer as espécies animais da África, ele faz um safári por esse continente, mesmo que seja um filósofo. Se for um alemão, e principal-

15 Mesmo dentro dessa comentariologia, é evidente que as preocupações em explicitar o "cosmopolitismo" ou o "internacionalismo" kantiano sequer passam perto de qualquer conexão com o globalismo.

mente se estiver falando de um filósofo alemão, ele se tranca em sua torre de marfim e escreve um tratado de 700 páginas sobre os animais sem nunca ter ido lá, sem nunca os ter visto. Claro que isso é uma piada, mas Kant seria o mais próximo de uma representação fiel dessa anedota, pois também é um epítome desse pensamento puro alemão.

Kant escreveu todos seus extensos livros, considerados difíceis de serem compreendidos, em Königsberg, cidade em que nasceu e da qual nunca saiu. Além de ser um representante nato do Iluminismo, ele é um representante máximo daquilo que se estabeleceu como pensamento alemão, a tendência aos grandes e longos tratados, com pouco ou nenhum embasamento na experiência.

O que mais foi dito por Kant que interessa à nossa reflexão? O filósofo é responsável pelo estabelecimento das bases para o Iluminismo. Há um texto clássico e basilar de Kant intitulado "O que é o Iluminismo", às vezes traduzido como "O que é o Esclarecimento", em que ele afirma que "esclarecimento, Iluminismo, é autonomia individual, é pensar por si próprio, sem a tutela de ninguém". É justamente pôr em prática o que foi descrito no início: usar a razão de maneira autônoma e "sintonizada" de modo correto. Porém, utilizá-la de maneira autônoma não autoriza o indivíduo a chegar a uma multiplicidade de conclusões. Ao contrário: uma vez que as pessoas a empreguem de forma autônoma, todas elas devem chegar ao mesmo resultado. Portanto, para Kant, ser um iluminista é fazer uso da razão de maneira autônoma.

O pensador de Königsberg também definiu as bases para um "novo racionalismo". Kant estava tentando resolver o problema do ceticismo *versus* dogmatismo, do racionalismo *versus* empirismo. Uma certa versão de racionalismo (cartesiano, por exemplo) é francamente criticada pelo filósofo, e, de certa maneira, ele propõe um novo racionalismo. Em que sentido? Ele se indaga: o que cabe e o que não cabe à razão? O que é tarefa e o que não é tarefa da razão? Onde a razão toca e onde a razão não toca? Alguns críticos dirão que Kant mutilou a razão; outros, que ele salvou o projeto racional, filosófico etc., a possibilidade de fazer a "metafísica tornar-se ciência", usando as palavras do prussiano.

Embora o foco do presente trabalho não seja a minúcia do pensamento kantiano, é necessário compreendermos alguns elementos, pois Kant era um pensador sistemático e lógico, e da sua epistemologia depreendem-se as bases para sua ética, sua política e sua visão de "relações internacionais".

Conforme dito, Kant estabeleceu as bases para o Iluminismo e para um novo racionalismo. Nesse sentido, dois livros são importantes para a compreensão e o aprofundamento nessa primeira questão. O primeiro é *Ideia de uma História Universal de um Ponto de Vista Cosmopolita*[16]. A palavra "cosmopolita" não aparece por acaso e a ênfase que foi dada nos capítulos anteriores também; o segundo livro trata-se de *A Paz Perpétua e outros opúsculos*[17]. Para um novo e possível "racionalismo", a obra central é a mais relevante das três críticas, a *Crítica da Razão Pura*.

O texto *A Paz Perpétua* pode ser considerado o *texto fundador do globalismo*, pois é onde as ideias de uma república universal composta de membros racionais é exaltada como pináculo da História. E que esse fato é uma concatenação das ideias de Kant fica provado pela cronologia das obras: a epistemologia de Kant abre caminho para uma nova racionalidade em 1781, com a publicação da *Crítica da Razão Pura*, uma compreensão racional-crítica da História é oferecida em 1784 na *Ideia* e, por fim, em 1795 aparece o opúsculo *A Paz Perpétua*, como concretização política máxima das ideias fundamentadas nas obras anteriores.

16 Cf. Disponível em: http://www.lusosofia.net/textos/kant_ideia_de_uma_historia_universal.pdf. Acesso em: 20 fev. 2022.

17 Cf. Disponível em: http://www.lusosofia.net/textos/kant_immanuel_paz_perpetua.pdf. Acesso em: 20 fev. 2022.

Na obra *Ideia de uma História Universal de um Ponto de Vista Cosmopolita*, Kant afirma justamente que, quando se coloca a razão nos trilhos corretos e se tenta pensar a História, irá se pensar a História como culminando em um certo ponto "final", isto é, o ponto cosmopolita. Então, se olharmos para a História com a razão "calibrada", chegar-se-á à conclusão de que nós devemos viver em um mundo cosmopolita (O argumento é basicamente esse.) Evidentemente, é importante considerarmos aqui a palavra "ideia" — isso só pode ser vislumbrado enquanto ideia, mesmo porque apenas o "aparato cognitivo" divino seria capaz de observar a História como um todo; o humano, não. A razão, para Kant, é uma faculdade que trabalha essencialmente com ideias, e não com matéria proveniente da experiência (isso cabe à faculdade da intuição) ou com conceitos (isso cabe à faculdade do entendimento).

Portanto, quando a razão está calibrada, está no caminho certo e se olha para a História, você a vislumbra como um todo e como cosmopolita. Como essa ideia *não é* conhecida, ela é vislumbrada e pensada. E o que acontece quando se está vivendo a história cosmopolita? O surgimento da Paz Perpétua, que seria o ordenamento social perfeito ou melhor possível. Para o leitor mais perspicaz e versado no assunto, as conexões entre essas ideias e o que chamamos de "globalismo" não é difícil de visualizar.

Assim, quando observamos uma história cosmopolita, a partir da adequação da razão e da projeção da História ideal no futuro, a nação, o estado-nação é muito pouco importante ou até mesmo irrelevante. Isso posto, conseguimos associar essa noção ao que Becker afirmou: para estabelecer o bem comum, é necessário apenas que a razão esteja operando em acordo coletivo. E o bem comum de Kant é a Paz Perpétua[18], que seria o ordenamento social e histórico perfeito ou melhor possível.

18 E a modernidade é pródiga em gerar paraísos terrenos futuros: a de-

***

É extremamente bem-vindo, para fundamentar a afirmação já feita de que o pensamento de Kant é sistemático, fazer um *intermezzo* formado por um breve resumo do *background* filosófico geral kantiano, que não está contido explicitamente nessas obras políticas, apenas implicitamente. Nessa seara mais ampla, o filósofo é "famoso" por ter sido, supostamente, um "destruidor da metafísica".

Na verdade, há comentadores que afirmam que Kant destruiu a metafísica, enquanto há outros que negam, dizendo que ele fez críticas à metafísica, mas que, posteriormente, a trouxe de volta[19]. Inclusive, os autores que defendem que o filósofo trouxe a metafísica de volta afirmam que ele o faz quando começa a falar do conceito de "ideia", que compõe o título da obra *Ideia de uma História Universal de um Ponto de Vista Cosmopolita*. Ideias em Kant representam algo muito específico, podendo ser trabalhadas apenas pela faculdade da razão, e só é possível lidar com questões como Deus, a totalidade da História ou a totalidade do mundo enquanto ideias, sendo que cada ideia da razão tem um papel.

Há, portanto, duas linhas interpretativas para o pensamento de Kant: os que afirmam que ele destruiu a metafísica e os que afirmam que não — o prussiano teria feito uma crítica, mas depois reintroduzido tudo de volta, ou boa parte de volta, por meio das ideias da razão, pela "porta dos fundos" de seu castelo crítico. E essa primeira costuma ser considerada a interpretação canônica, que entende que Kant afirmou a limitação da razão humana e que, devido a esse limite, ela não pode conhecer os "objetos" da metafísica clássica. Mesmo

mocracia plebiscitária de Rousseau, a sociedade positiva de Comte, o Estado comunista de Marx, o Fim da História com a realização plena do Ser no Estado de Hegel e... a Paz Perpétua de Kant.

19 Cf. LEBRUN, Gérard. *Kant e o fim da metafísica*. São Paulo: Martins Fontes, 2002.

quando o filósofo torna a falar de ideias, estas são somente pensadas; são pressupostas ou postuladas e não exatamente conhecidas da mesma maneira que se "conhece um objeto". As ideias na metafísica jamais são conhecidas como os "objetos" são conhecidos em Kant; na realidade, não se conhece objeto algum segundo o pensador.

O tipo de conhecimento que se tem das coisas, do mundo, como as coisas do mundo *nos aparecem*, não é possível ter com os objetos da metafísica. Então, os intérpretes que seguem essa trilha afirmam que quando Kant declara a impossibilidade da metafísica enquanto ciência, está destruindo o edifício, o castelo da metafísica. Isso é importante para o entendimento de algumas questões significativas relacionadas à nossa reflexão central. Por quê? Se isso for verdade, então a metafísica é impossível enquanto ciência e, portanto, não existe conhecimento metafísico.

O que "sobra" enquanto possibilidade? Especular ideias com a razão. A especulação de algumas ideias metafísicas por meio da razão e um certo historicismo, porque o que resta é a História. Não conseguimos ir além de nada que seja a História: ela é o nosso limite. Os mais versados conseguem perceber claramente como essa ideia reverberará, posteriormente, em Hegel e em Marx.

É possível indagar: teria Kant sido um historicista então? Não. Mas é possível pelo menos imaginar isso como uma consequência viável do pensamento kantiano. É só tomarmos a premissa de que a metafísica é impossível enquanto ciência como um fato e vermos o que sobra: a especulação! Com a razão, é possível especular uma "história universal" de um ponto de vista cosmopolita, especular Deus, especular a alma imortal etc.

Por que, afinal, estamos discutindo ideias como a de que a metafísica é impossível como ciência? Porque as posições políticas de Kant são diretamente influenciadas por isso, e suas afirmações posteriores são consequência dessas ideias tomadas como ponto de partida. A filosofia política e a ética kantiana são consequências de sua teoria do conhecimento, de sua epistemologia. Portanto, se a teoria do conhecimento e a epistemologia kantiana estão corretas, o que resta é especular algumas pequenas coisas com a razão e um certo historicismo, ou seja, a crença de que tudo está dentro da História, tudo se resolve pela história, tudo se reduz à história, por mais que o próprio Kant não tenha encampado explicitamente essa tese.

Citemos alguns outros pontos importantes a respeito da teoria do conhecimento kantiana. Ao longo da História da Filosofia, a teoria do conhecimento se baseava em uma ontologia que estabelecia uma relação entre sujeito e objeto fortemente calcada no objeto; a ontologia até Kant estava focada no objeto. O prussiano, então, promove uma revolução copernicana ontológica. E o que é a Revolução Copernicana na ciência? Nicolau Copérnico "remove" a Terra do centro do sistema e "coloca" o Sol. O que Kant faz, por sua vez? Tira o objeto e coloca o sujeito — os objetos para ele não são conhecidos em sua essência, apenas em sua aparência. O que o filósofo conhece, na verdade, são os fenômenos, que nada mais são do que o aparecimento das coisas para nós.

Pensemos em uma caneta, por exemplo. Eu não conheço a caneta, apenas o que *aparece para mim* como caneta. Isso que aparece como um objeto, com um certo tamanho, peso e cor é o *fenômeno* da caneta se mostrando para mim, sendo compreendido pelo meu aparato cognitivo. O foco passa a estar no sujeito que conhece, e não no objeto conhecido. Tudo ao meu alcance é o fenômeno aparecendo para mim, é o que meu aparato cognitivo consegue conhecer; já sobre o objeto em si, sobre a famosa, em jargão kantiano, "coisa em si", eu posso afirmar muito pouco ou quase nada.

A teoria do conhecimento de Kant, que leva supostamente a uma demolição da metafísica, é, de maneira resumida, o que foi apontado até o momento. O aparato cognitivo humano é *incapaz* de conhecer a coisa em si e é por isso que há a extinção da metafísica. Pois se não é possível conhecer objetos mesmo quando se mostram para nós, como no exemplo da caneta, imaginemos no caso de objetos metafísicos, que não "aparecem" (não passam por qualquer crivo da experiência). Ou seja, nem Deus, nem a alma imortal, nem a totalidade da história, nem a totalidade do mundo aparecem para nós, mesmo porque não são suscetíveis à experiência humana, não é possível experienciarmos "o todo" da História. Apenas Deus pode experienciar o todo da História. Deus tem o aparato cognitivo perfeito, mas nós não — temos um aparato cognitivo limitado, que não nos permite conhecer as coisas em si mesmas, nem os objetos metafísicos.

Quando foi dito que algumas pessoas entendem Kant como um demolidor da metafísica, é por causa do que foi exposto nos últimos parágrafos, é o que afirma a teoria do conhecimento kantiana. No transcorrer do tempo, alguém chegou à conclusão óbvia, "bem, se isso for verdade, então é *game over* para a metafísica" ou praticamente isso. Assim, conforme salientado, o aparato cognitivo humano é incapaz de conhecer a coisa em si e isso é um problema para os objetos metafísicos: ele só conhece o que está submetido à *intuição* e ao *entendimento*. Tudo que puder ser considerado conhecimento deve passar pelo crivo dessas duas faculdades.

E o que seria, afinal, essa questão da intuição e do entendimento? Os meus sentidos capturam determinado "objeto". Os meus sentidos estão capturando o fenômeno do aparecimento desse objeto para mim. São eles que dizem que é um objeto leve, azul ou preto, e é a minha intuição que está processando essas informações. Ou seja, estou apreendendo esse fenômeno, e a minha intuição está processando a cor, o tamanho, o peso etc. O meu entendimento vai categorizar; ele diz, por exemplo: "Isto aqui faz parte da categoria 'caneta', e não da categoria 'elefante'". Depois que eu juntar todos esses dados oriundos da experiência, esses dados fenomênicos, eles são subsumidos em conceito pelas categorias do entendimento.

Esse processo, para Kant, é essencial para o conhecimento; o processo de conhecimento em Kant depende de tudo isso. Depende das noções dadas de tempo e espaço onde está inserida a caneta, possibilitando o fenômeno que aparece. O fenômeno precisa aparecer e se submeter aos sentidos, por isso há o problema dos objetos metafísicos.

Os objetos metafísicos não têm fenômeno para aparecer. Eles não são submetidos à experiência, não tem como experienciar Deus ou a totalidade da História do mesmo jeito que se experiencia um objeto como a caneta, o que leva Kant a afirmar: "Não é possível conhecer isso". Pode ser que exista? Sim. Mas não é possível conhecer.

***

Esse raciocínio leva a diversos problemas, e um deles é o da ciência: a ciência existe e depende da crença de que a realidade é um todo organizado e cognoscível, o que inevitavelmente depende de um Deus ordenador do universo, um Deus arquiteto. Por que mencionar isso neste *intermezzo* filosófico? Porque esse problema encontra-se no próprio Kant, não é uma questão que tenha surgido posteriormente. O próprio filósofo vislumbra esse problema, que foi objeto da minha dissertação de mestrado.

Retomemos, então, o problema: não podemos conhecer Deus, o aparato cognitivo humano não dispõe de ferramenta para conhecê-Lo. Pensemos, por exemplo, naqueles brinquedos infantis que possuem três entradas com formatos diferentes, uma entrada quadrada, uma redonda e uma triangular. A criança deve pegar um bloco quadrado e passar pelo buraco quadrado e assim sucessivamente, aprendendo as formas. Para Kant, é como se Deus e os objetos da metafísica fossem blocos em formas que não passam por nenhuma das entradas. O conjunto das três entradas representa o nosso aparato cognitivo. Deus não é nem quadrado, nem uma bola, nem um triângulo, então Ele não passa. O fato de o objeto não passar não significa que ele não exista, apenas que ele não entra, impossibilitando a chance de ter conhecimento dos objetos da metafísica.

O filósofo prussiano tenta resolver esse problema na *Crítica da Razão Pura*. Quando se fala em conhecimento, existe uma coisa muito basilar: o conhecimento depende de a realidade ser ordenada. Mas como se pode entender a realidade como ordenada se não existe um Deus ordenador? É aí que se torna possível retomar a questão das ideias. Qual será a solução de Kant para esse problema? É justamente Deus ser concebido como uma ideia da razão, visto que a ideia não precisa passar pelas entradas. Essas entradas são o conhecimento possível. Só que Deus não precisaria passar por elas, porque já foi admitido que não se conhece Ele. No entanto, enquanto uma ideia da razão, Ele pode retornar à cena.

Nem todos os intérpretes de Kant o entendem como um destruidor da metafísica, alguns veem esse movimento como uma reentrada da metafísica pela porta dos fundos. O que se revela efetivamente é um esforço muito grande em tentar conciliar uma série de coisas. A tentativa de ficar preso ao mundo "real" — real entre aspas mesmo, pois é real no entendimento do prussiano — não faz com que o sujeito se livre facilmente das ideias metafísicas em 100%. As questões metafísicas acabam voltando, mesmo que apenas enquanto ideias, e ideias não são objetos de conhecimento, mas sim postulados.

Kant está diante do seguinte problema: "Não é possível conhecer Deus, mas é necessário postular um para conceber o mundo no seu todo como algo ordenado, organizado e então fazer ciência. Porque não dá para fazer ciência sem antes conceber o mundo como uma coisa organizada; portanto, ele não pode ser uma anarquia total e completa. E a única garantia que eu tenho de que o mundo não é uma anarquia total e completa é concebendo Deus". Essa é, no fundo, a ideia grega de *cosmos* (ordem) repaginada, a ideia de uma realidade ordenada. De *cosmos* e de *logos*. A ideia de *cosmos* e de *logos*, de uma realidade que é inteligível. O *cosmos* é a realidade ordenada; o *logos*, a inteligibilidade da realidade. Essa é uma questão muito importante para a filosofia grega e para o cristianismo, e muito pouco importante para o islamismo, por exemplo. O deus islâmico é uma espécie de Deus anárquico, mas o deus cristão não, Ele é o logos. Isso é algo com fundamentação bíblica, ou seja, Deus é a inteligibilidade do mundo.

Kant estaria, então, supostamente devolvendo isso tudo por meio das ideias. Voltemos à obra *Ideia de uma História Universal de um Ponto de Vista Cosmopolita*. Agora é possível interpretar essa "ideia" com mais aparato teórico e filosófico subjacente. Quando Kant fala de uma *ideia* de uma história universal de um ponto de vista cosmopolita, ele está tratando apenas de uma ideia. Essa é uma ideia que não pode ser conhecida, não podemos ter um ponto de vista universal sobre a História. Só quem pode ter um ponto de vista universal sobre a História é Deus, vale reforçar.

Não se pode *conhecer*, mas se pode conceber enquanto uma ideia da razão. O que Kant está operando, em outras palavras, é: não se pode conhecer essa história universal de um ponto de vista cosmopolita, mas se pode e deve concebê-la como uma espécie de *télos*, de meta a ser atingida. Isso deve ser um objetivo a perseguir, devemos atingir uma história universal de um ponto de vista cosmopolita, buscar realizá-la ao máximo.

Então vem à tona, novamente, o que chamamos de "globalismo"[20]. Essa história cosmopolita é uma meta para Kant, a

20 Note-se que como chamamos é menos importante que a descrição do fato em si. Já fui instado a mostrar como todo esse debate aparece na discussão *mainstream* de relações internacionais. Ele está lá, mas com outras conceituações: internacionalismo, multilateralismo, cosmopolitismo etc. O globalismo que aqui descrevemos e, em outros momentos, combatemos é, até mesmo, alvo de críticas da parte de autores de orientação à esquerda, pois é identificado como *pax americana*, a ordem internacional fundamentada na democracia liberal de tipo norte-americano.

qual é consequência de sua metafísica amputada ou crítica à metafísica e de sua teoria do conhecimento, que tantos consideram obscura e incompreensível. Por isso tivemos de explicar a filosofia kantiana, sua teoria do conhecimento e epistemologia, já que tudo isso tem a ver com a teoria da história que ele expõe em *Ideia*.

Em resumo a algumas coisas: conforme avançamos para uma postura mais e mais racional, que é o mote do projeto iluminista, caminhamos em direção a uma história cosmopolita. Pois, quando todos os seres humanos estiverem usando a razão, todos serão "a mesma coisa". Quando todos estiverem usando a razão, o mundo será a pátria de todos. Ou seja, o projeto iluminista caminha nessa direção. Será que os iluministas conseguiram vislumbrar o que chamamos de "globalismo"? Alguns, sim; Kant vislumbrou. Mas também sabiam que isso estava muito distante da realidade deles. Se esse projeto é tocado adiante, sua consequência é uma história cosmopolita, em que se estabelecerá uma Paz Perpétua, eterna, duradoura.

É basicamente um paraíso revisitado por uma versão histórica, uma versão terrena. Impera um cosmopolitismo geral, um cosmopolitismo absoluto, na medida em que todo mundo é racional. E, como consequência disso, uma Paz Perpétua. Assim, a humanidade inteira como um todo racional é sua própria comunidade. Quer dizer, a comunidade não é mais o estado-nação, onde idioma e religião são compartilhados, mas sim todo mundo. Porque todo mundo é racional. O critério, a regra é o ser racional. Quando todo mundo adotar a régua "ser racional", a comunidade será global.

Essa é uma janela para os críticos considerarem toda essa questão uma grande teoria da conspiração, embora não tenha sido afirmado que isso fora chamado de globalismo por algum iluminista. Aliás, tudo que foi exposto até o momento é suficiente para que cada um estabeleça por conta própria se existe ou não uma proximidade entre o kantismo e o globalismo? O estado-nação está abolido, e se forma uma comunidade internacional cosmopolita, a qual tem primado sobre qualquer outro meio de agrupamento. A proximidade é clara. Então aí está a raiz, não o tronco, não a copa, mas a raiz da árvore. Toda a humanidade, enquanto um todo racional, seria sua própria comunidade. A limitação localista ou por estado-nação se torna supérflua.

Quando se chega a esse estado, a esse ponto, não há mais — ou não há mais com muita relevância — bairro, cidade, estado, nação. Há um todo absoluto, um todo geral, e esse é o *télos*, isto é, a finalidade estabelecida para a humanidade. Então, a humanidade toda precisa se pôr em marcha para realizar esse projeto iluminista, para chegar a esse todo absoluto. Contudo, se a população não começar a usar sua razão, chegar a essa mesma conclusão e passar a trabalhar todos os dias para que toda a humanidade caminhe nessa direção, o *télos* da história humana será atrasado ou não será realizado. Façamos um exercício imaginativo; encarnemos aqui o filósofo prussiano: se colocar na marcha da razão cosmopolita é o que deve ser feito quando se é racional, quando já há acordo quanto a essa racionalidade, pois é o que a razão nos oferece como meta. O próximo passo é se pôr no curso devido para realizar esse plano, e esse é basicamente o ponto. O objetivo da história humana passa a ser a realização da história cosmopolita, que, por sua vez, trará a Paz Perpétua.

A História segue um certo curso, que também é um pressuposto desse pensamento iluminista e kantiano. Com o passar do tempo, os indivíduos passarão a adotar a razão, e, quando todos fizerem isso, o curso da história estará encerrado. Um dos exemplos de Fim da História[21] de que tanto se falou na década de 90 com a queda do comunismo. E a concepção se

21 Adotamos o seguinte critério para maiúsculas e minúsculas no uso da expressão conceitual "fim da história": quando o uso é para se referir genericamente ao encerramento da história, grafada em minúscula e quando a referência for ao conceito de Francis Fukuyama, em maiúscula.

desenvolve posteriormente com Hegel, que irá dialogar profundamente, em sua obra e em sua filosofia, com Kant. Esse é um ponto pertinente para ele também, o de que a história segue um curso; que a história precisa se realizar e o faria a partir da persecução de etapas próprias de seu curso.

A humanidade se tornar racional contribui para que seu curso seja seguido com mais eficiência. E toda natureza humana é potencializada, colocando o melhor ordenamento social em prática. Não haveria conflito entre indivíduo e sociedade, na medida em que todos os indivíduos, que são racionais, constituem a sociedade. Dessa maneira, se está todo mundo concordando porque todo mundo é racional, não há mais conflito, guerra etc. É a Paz Perpétua.

Em suma, esse último aspecto é muito importante e merece ser enfatizado — *a humanidade se tornar racional contribui para que seu curso seja seguido com mais eficiência*. Todos os seres humanos, sendo racionais, colocar-se-ão na marcha do progresso dado pela razão e seguirão esse caminho. *E toda natureza humana é potencializada, colocando o melhor ordenamento social em prática*.

É preciso ser racional, e, quando se começa a ser racional de verdade, os tribalismos nacionais precisam ser descartados. A palavra "global" é a nossa versão atualizada, ao passo que a de Kant era "cosmopolita". Daí que o globalismo seja a meta para todos que compartilham as premissas do ideário iluminista.

***

O livro *Ideia de uma História Universal de um Ponto de Vista Cosmopolita* é bastante curto e apresenta nove proposições[22]. Tomemos a nona proposição do livro como exemplo

22 KANT, Immanuel. *Ideia de uma História Universal de um Ponto de Vista Cosmopolita*. São Paulo: Martins Fontes, 2011. As proposições se encontram entre as páginas 3-22, o restante do livro é de análise exegética.

inicial, a qual tem um caráter elucidativo muito significativo, estabelecendo um marco a partir do qual todo o texto pode ser interpretado. Ali Kant enumera as motivações para a realização de uma história universal, ou seja, por que devemos buscá-la, persegui-la e tentar concretizá-la. Que a ideia de uma história universal pode e deve servir de fio condutor para apresentar dentro de um sistema o agregado — aliás, *sem plano*, das ações humanas. Em outras palavras, a História não tem sentido intrínseco, mas *tomá-la como ideia* resolve *instrumentalmente* esse problema.

O ser humano, pelas limitações epistemológicas apresentadas anteriormente, não consegue pensar a história da humanidade de maneira totalizante, mas pensá-la enquanto ideia soluciona a questão. Tudo passa a ter um objetivo único. Então, mesmo como ideia, é algo que nos ajuda a pensar "todo mundo marchando em direção ao mesmo objetivo", a conferir sentido intrínseco para a História. Também nos permite encontrar um fio condutor, ou seja, uma linha que costura toda a história humana; o fio condutor que pode servir para a explicação do jogo tão emaranhado das coisas humanas, ou até mesmo para a arte política de predição de futuras mudanças políticas (Cf.: KANT, 2011, p. 19-22).

Se todos concordarem com esse esquema e o seguirem, é possível fazer até mesmo previsões, como se fosse possível ler todo o roteiro de uma peça antes de sua apresentação. Caso a argumentação kantiana seja aceita, ou mesmo que a aceitação desse ponto de vista seja também instrumental, porque aí as explicações passam a fazer sentido, da mesma maneira que haverá acordo universal quando todos empregarem a razão corretamente. Além disso, fica estabelecido que aqueles que pressupõem um plano da natureza, *e Kant atribui esse plano à natureza* (e não a Deus, por exemplo, como diretor da História), permitem abrir uma visão consoladora do futuro — o futuro será lindo, o futuro será melhor, haverá a Paz Perpétua. Esse é um filme que se repetirá em outros pensadores posteriores a Kant, "em que o gênero humano se apresenta" — notemos, o *gênero humano*, todo mundo —como o que, no final? O "estado em que todos os germes, que a Natureza nele pôs, se podem desenvolver plenamente e o seu destino cumprir-se aqui na Terra".

Reportemo-nos às já citadas características que Becker conferiu aos filósofos iluministas: eles precisavam oferecer uma alternativa à narrativa religiosa. Tudo o que foi costurado ao longo deste capítulo constitui uma tentativa de formulação de uma alternativa a uma concepção religiosa de mundo. O que entra no lugar do Paraíso divino é essa "cidade celestial", esse paraíso pós-terrestre, o que não deixará de ter consequências desastrosas.

Há muitos autores trabalhando com a ideia de globalismo e religião civil, globalismo como religião secular global. De fato, o castelo erigido começa a assumir a forma de um substituto para a religião. Nosso *télos* não consiste no cultivo de virtudes para garantir a nossa salvação; nosso *télos* é a realização do globalismo — quer ele apareça com esse nome ou como "nova ordem mundial", "estado comunista", "Fim da História" etc. Nosso *télos* é a realização de uma história universal cosmopolita e a obtenção da Paz Perpétua. Não tem nada a ver com cultivar virtudes da alma para ser salvo e não ir para o Inferno. É outra coisa, é algo histórico, político, que deve ser feito aqui e agora. Tudo acaba se reduzindo a respeitar as leis para não ir preso. Nos tempos recentes, de suspensão das liberdades civis por razões aclamadamente "sanitárias", a outra face desse raciocínio, que consegue se passar por democrática, apareceu com bastante clareza.

4 IMMANUEL KANT: O PRIMEIRO GLOBALISTA

No primeiro capítulo, apresentamos a definição de globalismo, o contraste do conceito com o de globalização, e deslindamos algumas de suas implicações. Já no segundo capítulo, voltado a alguns aspectos históricos, tratamos dos argumentos de Yoram Hazony explicitados na obra *A Virtude do Nacionalismo*; e, no terceiro capítulo, demos início ao arcabouço filosófico original do globalismo — as "raízes filosóficas" do globalismo estariam no Iluminismo, no racionalismo e, particularmente, no filósofo alemão Immanuel Kant.

Para este quarto capítulo, um aprofundamento na reflexão de Kant, é válido propor como questionamento inicial: teria o prussiano sido o primeiro "globalista"? Toda cautela é bem-vinda. Seria leviano da parte de alguém recortar um pedaço isolado desta obra e levantar novamente a acusação de conspiracionismo, afirmando, "autor diz que filósofo Immanuel Kant foi globalista". Em sentido estrito, o filósofo não foi globalista, pois, se o considerássemos como tal, incorreríamos no erro do anacronismo, e isso se aplica aos já citados estoicos e outros filósofos. Entretanto, estamos tanto no campo da figura de linguagem quanto no da investigação arqueológica da ideia. A aplicação da imagem de "raízes", as raízes do globalismo podem ser localizadas em Kant: a árvore em si mesma e sua copa são muito maiores, com dimensão própria, mas as raízes existem, são importantes e, no nosso entendimento, estão em Kant.

Retornemos então à obra *Ideia de uma História Universal de um Ponto de Vista Cosmopolita*, que é formado de proposições — sendo a nona proposição essencial para a compreensão da ideia do livro. Estamos no segmento final do processo de afunilamento da reflexão e da argumentação: da definição do conceito aos exemplos históricos, ao embasamento oferecido por Hazony, ao quadro geral do racionalismo iluminista até Kant e a minúcia de algumas de suas obras políticas, como *Ideia* e a *A paz perpétua e outros opúsculos*.

A nona proposição do *Ideia* tem um caráter elucidativo muito relevante, sendo possível compreender as demais proposições do livro e sua argumentação em grande parte pelo que é oferecido nela. Nessa proposição, Kant enumera as motivações para a realização de uma história universal, porque é necessário que se realize uma História universal cosmopolita. Eis as razões:

a) Que a ideia de uma história universal pode "servir-nos de fio condutor para apresentar como sistema pelo menos em conjunto, o agregado, aliás sem plano[23], das ações humanas"

---

23 Leia-se a formulação da oitava proposição: "Pode-se considerar a história da espécie humana, em seu conjunto, como a realização de um *plano oculto da natureza* para estabelecer uma *constituição política perfeita* interiormente e, quanto a este fim, também exteriormente perfeita, como o *único estado no qual a natureza pode desenvolver plenamente*, na humanidade, todas as suas disposições" (KANT, 2011, p. 17, grifos nossos). O trecho revela o esforço kantiano de fornecer uma Filosofia da História sem Deus fazer parte da equação. E a única forma de fazer isso perfeitamente é com a aplicação da razão, que resultará na "constituição política perfeita", uma república universal e cosmopolita.

(KANT, 2011, p. 20)[24]. Então, serve para isto: é um fio condutor para que se pense certas coisas melhor.

Esse é um movimento tipicamente kantiano, basicamente o mesmo promovido em nível epistemológico na obra *Crítica da Razão Pura*, quando o filósofo rejeita a possibilidade do conhecimento de Deus, mas retoma a mesma possibilidade enquanto uma "ideia da razão" que ajuda a conceber a realidade como algo ordenado em vez de caótico. Esse aspecto é fulcral para a compreensão ampla do problema, pois, no sistemático pensamento kantiano, há uma harmonia de procedimentos, estabelecendo relações e semelhanças de movimentos entre as diversas áreas da Filosofia.

b) Ela permite encontrar um fio condutor que possa "servir para a explicação do jogo tão emaranhado das coisas humanas, ou para a arte política de predição de futuras mudanças políticas" (*idem*). Kant está falando justamente de um ponto de vista: quando o sujeito se coloca do ponto — e essa é a "função" de adotar pontos de vista, quando se muda de ponto de vista normalmente é para que se visualize algo melhor – da observação de uma história universal de um ponto de vista cosmopolita, que serve ao propósito da apreensão do fio condutor da História humana, se observado adequadamente, pode servir até mesmo ao propósito de fazer predições.

c) Que ela, ao pressupor um plano da natureza, permite "abrir uma vista consoladora do futuro [ou seja, o futuro trará coisas boas, fazendo lembrar o "tudo será melhor amanhã" de Antonio Gramsci], na qual o gênero humano se apresenta ao longe como atingindo finalmente o *estado em que todos os germes, que a Natureza nele pôs, se podem desenvolver plenamente e o seu destino cumprir-se aqui na Terra*" (*idem*, grifos nossos). Em outros termos, é o desfecho, o destino devido, natural, próprio da hu-

24 Todas as citações subsequentes se referem à nona proposição, contida nas páginas 19-22 da edição citada, como abundarão as citações da proposição, usaremos a notação "idem" para todas as aparições posteriores.

manidade, no movimento necessário do fechamento do homem para o transcendente, é preciso deslocar o Paraíso para o plano terreno. O trecho é, então, a visão kantiana desse paraíso terreno, concretizado finalmente em uma república universal.

d) Como a História é cada vez mais registrada em seus detalhes, com o passar do tempo, o acúmulo de narrativas se tornará um fardo para a geração do futuro, sendo que elas passarão a apreciar as épocas antigas "somente do ponto de vista que lhe interessa, a saber, *o que os povos e os governos fizeram ou não com um propósito cosmopolita*" (*idem*, grifos nossos). Ou seja, esse ponto de vista defende que não se deve apenas olhar para frente, como também que cada um se coloque na marcha de realização do que a natureza colocou diante da humanidade do ponto de vista histórico, social, político; nesse sentido, é importante que se olhe para trás e se compreenda melhor algumas ações humanas.

e) Tomando o ponto **d** em consideração com a "*ânsia de glória d*os chefes de Estado e dos seus servidores" (*idem*), o próprio projeto de uma história universal pode encaminhar os governantes em direção àquilo que lhes irá assegurar uma recordação gloriosa nos tempos futuros, a saber, aquilo que eles fizeram em favor do propósito cosmopolita; quer dizer, tudo isso serve também para que os estadistas, os governantes se coloquem nessa trilha e a usem como régua, como critério de avaliação. Avaliação do quê? Do que fizeram, com o que colaboraram, de que forma contribuíram para a realização da história universal de um ponto de vista cosmopolita; basicamente é isto que Kant afirma: "Essa é a meta a ser concretizada, e essa é a régua". É a meta perfeita do iluminista que precisa de um projeto totalizante, de uma cosmovisão, excluídos os elementos metafísicos antes sempre dentro da equação. Eis a essência da raiz filosófica do globalismo e seu pleno enraizamento no pensamento político de Kant.

É evidente que nem todo globalista precisa ser kantiano, nem todo globalista necessariamente conhece a contribuição de Kant para a formulação do conceito, ele pode perfeitamente não saber que Kant é a raiz do globalismo. Contudo, qual deve ser a posição atual de um kantiano em termos de relações internacionais, de ordem mundial? O kantiano ortodoxo, descrevendo a história da política dos anos recentes, estaria compelido a dizer, por exemplo, que Donald Trump, Viktor Orbán, Matteo Salvini ou Jair Bolsonaro trabalham pela *não* realização do mundo cosmopolita, que ruma em direção à Paz Perpétua, a qual é o "Fim da História".

Rememoremos o trecho em que Kant afirma, "para os chefes de Estado pensarem naquilo que fizeram em favor do propósito cosmopolita", isto é, um critério de avaliação de chefes de Estado é medir o quanto eles contribuíram para esse destino da humanidade. E quando temos esses personagens em voga na política mundial, que se identificam como soberanistas, nacionalistas, como defensores de um projeto de manutenção do estado-nação, todos estão a fazer o inverso do que o prussiano preconizou, eles podem usar uma régua para mostrar que não contribuíram para a concretização desse mundo cosmopolita, em que as nacionalidades, fronteiras e estados-nação importam pouco.

Todas essas figuras proeminentes estão trabalhando na contramão do que um kantiano ou o próprio Kant chamaria de "cosmopolitismo" e do que convencionamos chamar de "globalismo". Uma vez que essas figuras se colocam como um empecilho, uma pedra no sapato da efetivação desse ideal, atravancam a realização do *fim da história*.

A temática do fim da história é bastante interessante, porque o globalismo também é entendido como uma ideologia que vai trazer o fim da história. Quando o globalismo se realizar por completo, o fim da história terá sido atingido: todo mundo será um, dado que todos serão efetivamente seres racionais, não haverá mais conflito e ter-se-á, basicamente, um encerramento da história humana dentro da História.

Várias versões do fim da história já estiveram presentes na história das ideias moderna: a de Kant é a história cosmopolita com a Paz Perpétua; a de Fukuyama, nos anos 1990, era a vitória derradeira da democracia liberal de tipo americano; além de diversas outras versões de outros pensadores, como o democratismo de vontade geral de Rousseau, o estado científico de Comte, o comunismo de Marx etc. Contudo, fato é que, de uma ótica globalista e sua narrativa sobre o Fim da História, a história cosmopolita etc., em vez de estar dando passos para frente com as figuras políticas citadas, a realização da história cosmopolita está dando passos para trás, é a conclusão a que chegamos aplicando o próprio critério, às avessas, que Kant ofereceu na nona proposição do *Ideia de uma História Universal de um Ponto de Vista Cosmopolita*.

As questões do fim da história e da Paz Perpétua, caso estivéssemos em uma chave de discussão teológica, formam uma espécie de *escatologia*: uma discussão da ciência dos fins últimos da teoria da história e da filosofia da história de alguns pensadores do globalismo. Como a discussão é sobre filosofia da história e está-se a falar de filosofia política, de ciência política, o véu que reveste a discussão é totalmente secularizado. O fim da história de Kant é a Paz Perpétua que será trazida pela história cosmopolita. Esse traço secularista substitutivo é uma das marcas mais distintivas e definidoras de praticamente todos os pensadores da modernidade, que, consciente ou inconscientemente, propuseram suas teologias seculares, inclusive mantendo a *forma* teológica e mudando apenas o *conteúdo*.

A finalidade e o propósito da humanidade, sua realização máxima enquanto gênero, é a concretização da Paz Perpétua trazida pela história cosmopolita de uma comunidade de homens racionais.

Afinal de contas, o que é tudo isso? É a versão iluminista do Paraíso, oferecida pelos sacerdotes *philosophes*. Quando foi citado o livro de Carl Becker, a respeito das crenças dos filósofos iluministas, destacamos que um de seus objetivos era repaginar toda a realidade — até então profundamente marcada por questões teológicas —, era necessário repaginar todas as coisas dentro de uma roupa secular, em que a filosofia substitui a teologia, um simulacro que não envolvesse questões religiosas, teológicas ou metafísicas. Todas essas versões de "fim da história" nada mais são do que a versão iluminista e racionalista do Paraíso cristão, que a "irracionalidade" cristã oferece. Cada fim da história oferecido por um filósofo moderno é a versão laica do Paraíso pós-apocalíptico prometido pelos profetas cristãos.

Há o importante texto de Kant para a nossa reflexão intitulado *A Paz Perpétua*[25]. De que trata o texto *A Paz Perpétua*? O que é o conceito de Paz Perpétua kantiano? O texto versa sobre política e, principalmente, sobre direito. Não é exatamente um texto prescritivo ou ideológico. Nele, o autor não oferece fórmulas para resolver problemas, nem defende um ponto de vista ideológico. A Paz Perpétua não precisa ser ideologicamente defendida porque está implícita como consequência necessária, uma vez que todos os homens operem racionalmente. Se todo ser humano é racional, dotado da faculdade da razão, ao calibrar essa mesma faculdade e agir a partir dela, a Paz Perpétua é sua consequência. Ou seja, não há necessidade de prescrição, o máximo de prescrição que se pode fazer é: "calibre sua razão e aja racionalmente".

Um outro detalhe que vale a pena ressaltar, do ponto de vista do Direito Internacional e do globalismo, é que muito se inspirou em Kant para a formulação da ideia de Direitos Humanos — notemos, ela faz sentido enquanto parte desse pacote, é necessário captar as coisas implícitas e subjacentes. Se o pensador declara que todos são racionais e agirão da mesma

25 Adotamos o seguinte critério para maiúsculas, minúsculas e itálico no uso de "paz perpétua": quando o uso é para se referir ao conceito kantiano, ao estado de Paz Perpétua, grafamos em maiúscula e quando a referência for ao texto *A paz perpétua* ou ao livro que contém o texto – *A paz perpétua e outros opúsculos*, em minúscula e itálico.

forma enquanto seres racionais, o que se está afirmando é que a racionalidade é a natureza da humanidade, a essência da Humanidade é a racionalidade; portanto, na medida em que se reflete mais a esse respeito, a ideia de Direitos Humanos parece uma consequência muito própria e inevitável. Por que tanta querela em torno do Direito? Um Direito Internacional, por corolário "humano", é desejável e necessário.

E o que mais está implícito? Que a noção de direito não deve orbitar em torno de questões como nacionalidade, religião ou idioma. Nada disso deve ser substancialmente importante. Existem direitos que são Direitos Humanos, que são justificados, advindos, provados pela natureza racional da humanidade. Assim, a noção de Direitos Humanos, que de vez em quando aparece no debate público, tem muitos débitos com Kant, há muito de universalismo, de acordo universal implícito, isto é, algo que está além das fronteiras; um direito que opera, portanto, sem fronteiras. Esses Direitos Humanos, na medida em que são *humanos*, operam para além de quaisquer tribalismos.

Isso é não apenas uma clara ideia que antecipa o globalismo, mas que o fundamenta amplamente. A própria ONU surge como uma entidade cuja finalidade é fazer cumprir esses direitos que são transnacionais e transfronteiriços. Ainda explorando as nuances entre todo esse arcabouço e religiosidade, alguém poderia e até deveria perguntar: qual era a religiosidade de Kant? Como dito, o filósofo é conhecido como um grande "demolidor do edifício da metafísica"; teria Kant, à vista disso, sido um ateu? Não, o caso de Kant se assemelha muito ao de René Descartes, Isaac Newton: há as crenças pessoais do autor e há o caminho trilhado por seus intérpretes e adeptos, aqueles que deram prosseguimento intelectual às suas ideias. Descartes e Newton tinham uma fé pessoal cristã, a qual efetivamente existia, mas há que se considerar que muitos de seus herdeiros intelectuais se tornaram ateus. No caso de Kant, desconheço que mesmo o kantismo tenha ensejado diretamente pensadores ou correntes de pensamento ateístas. A fé pessoal de Kant era o pietismo, uma vertente protestante; sua mãe era profundamente religiosa, bem como seu amigo, o mordomo de sua residência — que, por muito tempo, foi o ser humano com quem tinha uma relação mais próxima —; e não derivamos, pelo menos não diretamente, nem de maneira ostensiva e clara, nem implicitamente, nenhum ateísmo do pensamento kantiano. Há quem diga em algumas anedotas biográficas sobre o prussiano que o "retorno da metafísica pela porta dos fundos" em momentos maduros de sua obra se deveu ao desconforto de sua mãe e mordomo com as implicações hostis para a religião que sua filosofia podia ocasionar.

Todavia, com leves modificações, novas leituras e interpretações, chegar a uma conclusão que conduza ao agnosticismo ou um retorno a uma postura antimetafísica radical, como foi o caso dos positivistas lógicos, não constitui absurdo, assim como no caso dos herdeiros de Descartes e Newton, que descarrilaram para o mecanicismo ateu.

Por que essa intervenção é bem-vinda a essa altura da reflexão? Porque Hazony afirma que Yahweh, o Deus de Israel, prescreve leis e orienta que essas mesmas leis se apliquem em Israel e apenas em Israel, somente "da porta para dentro". Os demais podem e devem seguir seus respectivos cursos como bem entenderem. Ou eles voluntariamente conhecem e aderem, ou aquilo fica restrito ao povo ao qual Deus prescreveu aquelas leis. Algo integralmente na contramão da ideia de globalismo. Essa é uma concepção eminentemente judaica e talvez até estranha ao cristianismo, que desde cedo prescreve a notícia da boa-nova para todos, mas vale o destaque tanto pela relevância já citada de Hazony como enquanto réplica à ideia de que existam ou devam existir "direitos humanos", que, por definição, existem da "porta para fora".

A Paz Perpétua de Kant, o próprio Kant, a ideia de Direitos Humanos e seu universalismo, a concepção de acordo universal, o direito que opera sem fronteiras, todas essas ideias são muito relevantes para, por exemplo, o Direito Internacional contemporâneo. Essas expressões e conceitos certamente são familiares para estudantes do curso de relações internacionais; os que são dessa área talvez não tenham ouvido falar diretamente de Kant, mas provavelmente ouviram falar de kantianos: o filósofo alemão, membro vivo da Escola de Frankfurt, Jürgen Habermas é um kantiano, além do famosíssimo filósofo americano John Rawls, catedrático expoente do liberalismo de tipo americano; ambos levaram Kant em alta conta para fundamentar suas ideias e propostas políticas.

Tomando a imagem de raízes e de árvore, o livro trata das raízes do globalismo, embora tenha sido mostrada também a semente, que é o Iluminismo; as raízes são Kant e o kantismo, e, agora, as ramas, os galhos dessa árvore — para considerar a metáfora de forma completa — são os kantianos como Habermas e Rawls. O que temos, então, retomando as bases kantianas?

"O direito deve servir ao propósito de realizar (o máximo possível) (...)", notemos, é possível realizar em 100% essa meta de paz universal? Essa é uma discussão importante, porém não é primária. Se não é uma meta realizável em 100%, mas é, digamos, em 99%, isso já é alguma coisa e é considerável! Talvez nos rincões do mundo, em localidades verdadeiramente isoladas e que, por alguma razão politicamente correta qualquer, tenham traços culturais específicos respeitados[26], os "direitos humanos" não sejam totalmente garantidos, entretanto nas demais partes, inclusive aquelas que voluntariamente rechaçariam parte das propostas, essa

26 Quantas intervenções sabemos que foram feitas por organizações de cunho globalista para combater o infanticídio — atentado contra a vida, portanto — praticado por algumas tribos indígenas.

força será concretizada peremptoriamente, como já é o caso de praticamente todo o Ocidente.

"O direito deve servir ao propósito de realizar (o máximo possível) a paz perpétua". Realizar e, uma vez que ela se realize, *mantê-la*. "A paz é o mais alto bem político", afirma Kant, ou seja, ela é o máximo objetivo da política. Cedo ou tarde, isso precisa transcender a fronteira do estado-nação; ou o estado-nação é abolido, ou é necessário torná-lo supérfluo, uma mera formalidade jurídica. Se as leis não são escolhidas e determinadas pelos cidadãos de uma nação e por seus representantes legais, o estado-nação é uma mera formalidade.

Uma vez mais cabe o exemplo da União Europeia. Um dos motes de crítica nas campanhas para a saída do Reino Unido do bloco europeu era justamente o que se segue, "se obedeço a leis que não escolhi, não aprovei, que foram aprovadas por políticos que não elegi, o que sou eu? Quem sou eu? Em que eu mando?". A resposta é dada à luz da teorização apresentada até o momento, de natureza iluminista e kantiana, ficando evidenciado por que o direito deve servir ao propósito de realizar a Paz Perpétua, e, cedo ou tarde, isso deve transcender a fronteira do estado-nação.

Evidentemente, alguém poderia objetar, "a paz não é uma coisa boa? Qual o problema em perseguir sinceramente a paz mundial?". A paz é um objetivo nobre, razoável e certamente deve estar na ordem do dia das nações, mas os métodos para alcançá-la devem ser avaliados honestamente. A que custo a paz está sendo buscada? Quem pode afirmar e provar que a concepção de paz posta em questão é aquela que todos entendem e compartilham? Jamais se deve esquecer de certas constantes da política — nela, às vezes, as palavras não significam o que normalmente significam. Boas intenções não necessariamente conduzem a boas ações; em política e em história política, isso deveria ser um fato consumado, admitido e sempre posto em consideração antes de qualquer verborragia que defenda "a liberdade", "a igualdade" e a "paz". Praticamente todo ditador alegou agir em nome da paz, da democracia, do republicanismo, usando de artifícios para atingir o melhor para todos, muito embora as ações não tenham refletido as alegadas intenções.

Desnecessário dizer que a paz é um objetivo nobre, mas será que "quem manda no mundo", para usar a expressão do filósofo espanhol Ortega y Gasset, quando fala em paz, está tratando do que normalmente se compreende como paz? Ou estamos dentro do *slogan* da obra *1984*, "paz é guerra"? É necessário cautela, a avaliação tem de ser feita, não se pode confiar cegamente em palavras, *slogans* e boas intenções. Quando se leva em conta não as intenções, mas as ações; não as palavras soltas, mas seu sentido real, é possível observar que o sentido das palavras costuma estar bastante distorcido no debate público.

Por isso que a tomada de uma posição antiglobalista não significa ódio perante a paz, a harmonia entre as nações, o convívio pacífico entre povos e culturas, porque a verdade é que o objetivo não é a paz, mas a palavra *paz* é utilizada como um gatilho para as coisas boas que vêm associadas a ela, afinal, quem confessaria publicamente que é "contra a paz"?

Em *Ideia de uma História Universal de um Ponto de Vista Cosmopolita*, Kant escreveu que "a última e mais difícil tarefa da humanidade será a instituição do direito cosmopolita". Então, o filósofo já vislumbra a dificuldade da implementação do seu ideal: vai ser difícil, porém é uma meta a ser perseguida, é algo a ser buscado, sem impedimento algum, mesmo que seja impossível de essa meta ser materialmente concretizada em sua totalidade. Esse ponto está colocado com bastante clareza, e apenas uma mente intelectualmente limitada e ignorante dos fatos da História acreditaria que isso serviria como argumento para descartar a existência ou a relevância do globalismo. Fica evidente também que, dentro do pensamento sistemático de Kant, há um cristalino entrelace entre sua filosofia da história e Direito.

Considerando a relação estabelecida pelo prussiano entre filosofia da história e Direito, é útil trazer a citação do professor Ricardo Terra, que interpreta Kant[27]: "O desenvolvimento da sociedade e do comércio faz com que se torne interesse dos governos, mesmo por 'motivos egoístas e busca da grandeza', *diminuir as restrições aos cidadãos*" (grifos nossos). Ainda que, na interpretação do autor, haja um fundo de natureza capitalista na ação descrita, enquadra-se exatamente no que chamamos de globalismo! Então, "o desenvolvimento da sociedade e do comércio..." — começa pelo comércio — "faz com que se torne interesse dos governos, mesmo por motivos egoístas e busca da grandeza, diminuir as restrições aos cidadãos...", ou seja, todos são cidadãos do mundo, todos são cidadãos de qualquer lugar; é exatamente o cosmopolitismo, a imigração em massa, desregulada e "sem fronteiras", é praticamente o fundamento filosófico da canção *Imagine* de John Lennon: "diminuir as restrições aos cidadãos, ampliar as liberdades, favorecer a difusão do conhecimento".

Uma vez mais fica evidente que se trata de um projeto profundamente iluminista. O que podemos chamar de "globalismo iluminista" tem por motivação basilar exatamente isto: é necessário abandonar a "superstição" e então "difundir o conhecimento" para todos os lugares, o máximo possível — pelo menos, esse é o pretexto.

O que exatamente o republicanista cosmopolita Kant quer, afinal de contas?

Em tese, ele quer as duas coisas: um conglomerado de confederações que operem sobre as mesmas regras, mas que supostamente são capazes de manter sua soberania. Essa é uma questão relevante, pois não pretendemos, neste trabalho, qualquer tipo de afirmação sensacionalista. Kant era um globalista? Sim, na medida em que oferece um estofo filosófico para um cosmopolitismo, e, ao mesmo tempo, não, porque

27 TERRA, Ricardo. *Kant e o direito*. Rio de Janeiro: Jorge Zahar, 2004.

Kant obviamente não estava pensando nesses termos. O argumento central que expomos é que *a partir de Kant* houve a possibilidade do desenvolvimento da ideia que chamamos de globalismo.

Em Kant, há essa coisa um tanto dúbia e outro tanto contraditória. O que o pensador realmente vislumbra para as relações internacionais? É possível chegar a uma resposta a partir da própria obra política e jurídica dele. Talvez, como exercício imaginativo, se Kant aparecesse no ano de 2022, não proporia, imaginaria ou mesmo ratificaria um organismo transnacional como a ONU, até porque isso, obviamente, era irreal para ele, especialmente em sua Prússia imperial. O filósofo queria um conglomerado de confederações que operassem sob as mesmas regras — o que é algo muito próximo do que é a União Europeia — e que mantivessem sua soberania. Aí, evidentemente, é que jaz o problema: talvez fosse possível pensar como exemplo alternativo de sucesso dessa concepção os Estados Unidos. Os Estados Unidos são isso, uma federação republicana que funciona sob os mesmos preceitos — que é a Constituição Americana —, em que os estados efetivamente mantêm sua soberania. De certa maneira, o Estado americano poderia ser considerado o modelo ideal do que Kant desejava, caso alguém esteja buscando a melhor interpretação possível para suas propostas.

Para mostrar que essa interpretação não é canônica, é válido trazer o principal profeta da *New Left* da Europa, o prolixo e cansativo autor kantiano, o já citado Habermas. Ele é uma excelente exemplificação do argumento que apresentamos, pois é alguém que absorveu as ideias "proto-globalistas" de Kant e as transformou em globalismo de fato; se Kant é a raiz, Habermas é a copa frondosa dessa árvore.

Em um texto de Habermas datado de 1999, o filósofo afirma: "(...) é perfeitamente possível ver em Kant o germe da ideia do intervencionismo global em favor da Paz Perpétua"[28]. Assim, Habermas, que é um filósofo de importância e intérprete de Kant, enxerga nos textos políticos kantianos o mesmo que enxergamos, não com o nome globalismo, mas, na prática, é o globalismo que ele está vendo. Na prática, ele enxerga, em Kant, uma defesa do "germe da ideia do intervencionismo global em favor da Paz Perpétua". Essa pode ser a descrição, mais uma vez, do funcionamento da União Europeia.

28 HABERMAS, Jürgen. *La inclusión del otro: estudios de teoría política*. Trad. de J. C. Velasco Arroyo e Gerard Vilar. Barcelona: Paidós, 1999, p. 166.

CONCLUSÃO

Em suma, definimos o globalismo, oferecemos exemplos históricos de imperialismo e expansionismo, com a contribuição da argumentação de Yoram Hazony. Provamos, também, como a ideia, de forma genérica, está dentro do Iluminismo e como ela encontra uma boa defesa em Kant, fazendo do complexo, sistemático e, às vezes, confuso filósofo prussiano a raiz filosófica do globalismo, sendo essa a conclusão da nossa atividade "arqueológica".

Talvez a conclusão ainda seja um pouco estranha para aqueles menos afeitos à atividade intelectual. Falta, a algumas pessoas, compreender a dinâmica da formação de correntes de pensamento e seu respectivo espraiamento pela cultura — ou seja, muitos, inclusive acadêmicos, não conseguem fazer o exercício de arqueologia das ideias, de anamnese, já mencionado. O campo das ideias tem uma lógica de funcionamento peculiar; uma ideia não surge em um dia e no próximo já está desenvolvida, ampliada e aplicada. O globalismo vem como proposta inevitável para relações internacionais das crenças iluministas, encontra em Kant um potente elaborador e a ideia se desenvolve ao longo das décadas, até chegar aonde estamos hoje.

Também não é uma questão de identificação partidária imediata. Nesse caso específico, não é algo que cause mérito ou demérito: a existência de uma ideia proveniente de Kant não gera automaticamente um valor meritório ou demeritório. Diversas ideias kantianas — que talvez o próprio Kant não subscrevesse, mas que poderiam ser debitadas a ele — fazem parte da nossa cultura: não apenas o globalismo, como também algumas outras como o relativismo, que talvez seja o melhor exemplo disso e certamente renderia outro livro. Afinal de contas, a maioria das pessoas são relativistas hoje em dia, quer saibam, quer não; e esse é um débito muito grande a ser dado a Kant.

Gostaria de finalizar com algumas sugestões de leitura para aqueles que, quer por interesse pessoal, quer por interesse acadêmico, desejam se aprofundar nessas reflexões. Esta não é uma obra exatamente acadêmica, pois visa, desde sua origem e em sua natureza mesma, atender adequadamente qualquer interessado, possuindo chaves de análise e compreensão e outros *insights* pertinentes para quem observa o assunto de forma acadêmica.

Um bom começo aos interessados nesse aprofundamento é a leitura dos dois textos de Habermas citados ao final deste livro, que podem tranquilamente servir de fundamento absolutamente acadêmico para a tese central. Esses textos de Habermas, *Mudança estrutural da esfera pública: investigações quanto a uma categoria da sociedade burguesa* e *La inclusión del otro: estudios de teoría política*, são uma confissão de que Kant foi um teórico do globalismo. Evidentemente, Habermas considera isso algo bom; outros, como nós, acham que é ruim. O valor da tese é uma questão separada da simples existência dela; e que ela está em Kant, efetivamente está.

O livro *O Cosmopolitismo Kantiano* (Editora Fi, 2016), de Diego Carlos Zanella, é praticamente a versão estendida do capítulo quatro deste livro, oferecendo fundamento para a tese de que Kant foi um teórico do cosmopolitismo. A diferença entre mim e o autor é simplesmente de perspectiva e de nomenclatura, mas o esforço é idêntico.

Gostaria de recomendar também John Rawls em *O Direito dos povos* e o professor Ricardo Terra, no livro *A política tensa: ideia e realidade na filosofia da história de Kant*, além do ensaio "Algumas questões sobre a filosofia da história em Kant", contido na edição da Martins Fontes de *Ideia de uma História Universal de um Ponto de Vista Cosmopolita*.

Em termos de obras do próprio Kant, para os que quiserem uma compreensão ampla, começando pela epistemologia kantiana, que determina os demais aspectos, é importante a leitura da *Crítica da Razão Pura* ou seu *Prolegômenos a qualquer metafísica futura*, que é uma versão simplificada da *Crítica*.

No que diz respeito à ética e à política, as obras essenciais são *Fundamentação da Metafísica dos Costumes*, *A Metafísica dos Costumes* e *Crítica da Razão Prática*. E, é claro, os textos de filosofia política e de filosofia da história: *A Paz Perpétua e outros opúsculos*, que é um opúsculo, e *Ideia de uma História Universal de um Ponto de Vista Cosmopolita*.

APÊNDICES

APÊNDICE I: OS ATUAIS BLOCOS GEOPOLÍTICOS DE PODER

Este livro teve sua redação finalizada durante a acentuação do conflito entre Rússia e Ucrânia. E, ao menos em seu começo, fundamentado em um desconhecimento geral dos blocos geopolíticos de poder vigentes e das supostas ideologias que os acompanham (conferir tabela do Apêndice II), houve uma profunda confusão entre alguns analistas, que tentavam enquadrar a disputa no reducionismo entre "direita" e "esquerda"[29]. Houve confusão também porque tanto direitistas quanto esquerdistas se postaram a favor e contrariamente às ações

29 Um de seus atores concorda com esse ponto: "A crise ucraniana acirrou as contradições políticas e ideológicas por todo o Ocidente, mas não em uma clivagem direita/esquerda. Por todo o mundo, forças classicamente classificadas como de 'direita' ou de 'esquerda' se distribuíram dos dois lados da controvérsia. O conflito expõe, mais uma vez, as verdadeiras contradições da pós-modernidade, com liberais e globalistas de um lado e populistas e patriotas do outro". Aleksandr Dugin em seu *site*, geopolitica.ru. Cf.: https://www.geopolitica.ru/pt-br/article/crise-ucraniana-e-o-ocidente-dimensao-ideologica.

russas e ucranianas. No flanco direitista, motivados por antiglobalismo, e, no flanco esquerdista, motivados por anti-imperialismo norte-americano.

Nesta obra, analisamos o globalismo, que compõe um dos blocos de interesse geopolítico do Ocidente, formado pelos metacapitalistas, os neoconservadores, os senhores da guerra do Partido Democrata americano. Rapidamente as grandes vozes do globalismo, que têm George Soros como seu testa de ferro, se posicionaram pró-Ucrânia e seu governo pró-Ocidente. Desde o princípio, para os analistas do ramo, é óbvio que o conflito trazia em seu bojo movimentações no tabuleiro por parte dos globalistas[30], bem como dos demais blocos geopolíticos de poder, fato que simplesmente não serve para se posicionar favoravelmente ao Kremlin.

Esse posicionamento dos globalistas levou alguns segmentos do espectro de não esquerda a se colocarem favoravelmente a Vladimir Putin, pois, afinal, "o inimigo do meu inimigo [globalistas] é meu amigo". Há quem fale em bloco russo-chinês, porém não acredito que essa aliança seja tão óbvia e imediata atualmente; no próprio caso do conflito entre Rússia e Ucrânia, embora a China tenha pendido para a Rússia, sua adesão não foi imediata, até porque a China tem seus interesses próprios tanto com a Ucrânia quanto com a Europa como um todo. Portanto, prefiro falar dos seguintes blocos geopolíticos: globalistas ocidentais, Rússia, China e islã político.

Parecem escapar a certos não esquerdistas ocidentais simpáticos à Rússia alguns aspectos: a) a dialética putinista[31], de ora posar de conservador,[32] ora de líder simpático ao passa-

30 A Ucrânia como um todo, cumpre-se notar – bem como a eleição do presidente Zelensky – é um laboratório globalista de longa data; há registros de ações de George Soros e seus asseclas no país desde a década de 1990. Não é absurdo notar que a Ucrânia pode ser agente de uma *proxy war* pró-globalista.

31 Cf.: WOLTON, Thierry. *Le KGB au pouvoir*. Paris: Folio, 2009.

32 Ainda que escapem ao autor as motivações para tal, a obra *Inside the*

do bolchevique da Rússia. Em outras palavras, acreditar em quaisquer versões é aceitar peças de propaganda e não posicionamentos ancorados em uma base realista, b) a lógica da amizade automática com quem tem inimigos comuns deve ser feita com extrema ressalva quando se fala de relações internacionais e geopolítica, c) independente de quaisquer características reais ou aparentes de pontos em comum entre conservadores e Vladimir Putin, apoiá-lo integralmente, sem qualquer reserva e ceticismo, é tão coerente quanto apoiar o islã político por este ser viril, antiliberal e contrário a outros ideários vigentes no Ocidente. É preciso afastar a lupa da formiga e analisar o pacote completo de fatores. Desde muito antes do conflito entre Ucrânia e Rússia, esses blocos se encontram em uma espécie de guerra fria, só que multipolar e não-binária, como a anterior entre capitalismo e socialismo.

Profeticamente, em um artigo de 2011 intitulado "O futuro que a Rússia nos promete"[33], para o *Diário do Comércio*, Olavo de Carvalho explicou o ideário por trás de todas as ações de Putin na direção de uma restauração das glórias imperiais — seja do Império Russo ou Soviético —, por meio da recuperação de territórios históricos e estratégicos:

> O prof. Alexandre Duguin, à testa da elite intelectual russa que hoje molda a política internacional do governo Putin, diz que o grande plano da sua nação é restaurar o sentido hierárquico dos valores espirituais que a modernidade soterrou. Para pessoas de mentalidade religiosa, chocadas com a vulgaridade brutal da vida moderna, a proposta pode soar bem atraente. Só que a realização da idéia passa por

mind of Vladimir Putin (2018), de Michel Eltchaninoff, mostra claramente o momento em que o presidente russo "vira a chave" e passa de ex-agente da KGB a alguém que se posta publicamente como um "conservador" pró-família, pró-religião e pró-tradição.

33 Disponível em: https://brasilsemmedo.com/o-futuro-que-a-russia--nos-promete-de-olavo-de-carvalho/.

> duas etapas. Primeiro é preciso destruir o Ocidente, pai de todos os males, mediante uma guerra mundial, fatalmente mais devastadora que as duas anteriores. Depois será instaurado o Império Mundial Eurasiano sob a liderança da Santa Mãe Rússia.
> (...)
> Como o prof. Duguin adorna o projeto com o apelo aos valores espirituais e religiosos, em lugar do internacionalismo proletário que legitimava as ambições de Stálin, parece lógico admitir que a nova versão do projeto imperial russo é algo como um stalinismo de direita.

O fato é que, para conservadores cristãos ocidentais, simplesmente não há bloco geopolítico de poder para aderir (caso algum tipo de adesão esteja posto na mesa), todos são imperialistas no sentido dado por Yoram Hazony e por este livro, e hostis à cosmovisão de um conservador ocidental. Tal fato não passou despercebido a Olavo de Carvalho em seu debate com Aleksandr Dugin, o "guru de Putin", que instou o filósofo brasileiro a dizer a qual bloco geopolítico de poder ele aderiria, ao que respondeu que simplesmente apoia cristãos ocidentais individuais[34].

A Quarta Teoria Política (QTP) de Dugin professa uma espécie de "terceira via", que foge do binarismo ocidental entre esquerda e direita, e propõe uma síntese dialética entre capitalismo, socialismo e nazifascismo[35], o que em relações internacionais gera como corolário, supostamente, uma "multipolari-

---

34 "(...) Nenhum Duginismo do mundo poderá me obrigar a escolher entre o Consórcio, o Califado e o Império Russo-Chinês. Mas o prof. Dugin até simplifica as coisas para mim, sintetizando estes dois últimos no Império Eurasiano, reduzindo as alternativas ao bom e velho dualismo dos Montagues e Capuletos e querendo vestir em nós a camisa-de-força da escolha obrigatória" (CARVALHO; DUGIN, 2012, p. 149).

35 DUGIN, Aleksandr. *A Quarta Teoria Política*. Caxias do Sul: Ars Regia, 2021.

dade" (por oposição à unipolaridade ocidental, por exemplo, com a democracia liberal de tipo norte-americano como ordem mundial a ser mantida e "exportada" mundo afora).

Por desconhecerem esse substrato ideológico, exceto aqueles que aderem a ele, todos erram em suas análises: não é possível alocar a Rússia de Putin na "esquerda" ou no "comunismo", assim como é igualmente equivocado considerá-lo um legítimo conservador, simpático a conservadores ocidentais — e isso se aplica também à Rússia atual, profundamente corrupta, alcoólatra e pró-aborto. Dessa ótica, o que se pode afirmar é que todos os blocos geopolíticos disponíveis, de "direita" ou de "esquerda", são revolucionários no sentido de que se suas propostas forem aplicadas, implicarão em mudanças radicais no quadro geopolítico mundial, todas com consequências desastrosas para conservadores.

A ansiedade por explicações reducionistas e por enquadramento ideológico conduziu diversos analistas a erros crassos, como no caso de um comentarista de assuntos internacionais de um grande conglomerado nacional de mídia, que afirmou: "A Rússia é capitalista (...). Putin é de direita e respalda ultradireitistas como Orbán e Erdogan". Essa declaração exemplifica perfeitamente a ansiedade por enquadramento. Cumpre mencionar que em um intervalo menor que dois dias após o avanço russo, Cuba, Coreia do Norte, China, Nicarágua e Venezuela, todos governados por líderes de extrema-esquerda — e muitas vezes financiados e mantidos pela própria Rússia —, declararam simpatia e apoio às ações de Vladimir Putin.

APÊNDICE II

A tabela abaixo foi por mim formulada durante curso ministrado no Instituto Veraz em São Paulo, com o intuito de mostrar quais expressões geopolíticas costumam estar vinculadas às principais ideologias do Ocidente, do ponto de vista histórico e atual (capitalismo e socialismo), além do eurasianismo, a ideologia de Aleksandr Dugin, o guru de Vladimir Putin.

Certamente será alvo de contenda a vinculação entre capitalismo e globalismo. Ao menos para aqueles que consideram o globalismo um fenômeno ruim (há liberais que aceitam a pecha com satisfação) e se julgam capitalistas de boa estirpe. Fato é que é inevitável não imaginar o globalismo, conforme deslindado ao longo do livro, como uma expressão possível e razoável do capitalismo liberal.

Se o capitalismo *laissez-faire*, de livre mercado, professa e exalta as livres transações entre pessoas, também o faz, naturalmente, entre nações. À medida que as barreiras vão sendo derrubadas para a livre transação, vão caindo — e se tornando altamente bem-vinda essa queda — as barreiras no aspecto político, legal e cultural. É o caso da União Europeia, que começa como bloco econômico até se transformar em um gigante quase-estado europeu. Tudo visto com muito bons olhos para quem estiver pensando em chave de liberalismo estritamente ideológico, inclusive a imigração em massa, um dos principais alvos de crítica de nacionalistas, que oferece para as grandes economias um sem-número de pessoas prontas a oferecer trabalho braçal em troca de um retorno de trocados e participação no estado de bem-estar social.

Ideologia/sistema político-econômico	Expressão geopolítica/bloco geopolítico/ordem mundial impressa
Socialismo/comunismo	Socialismo internacional/ Internacionalismo proletário[36]
Liberalismo/capitalismo/ metacapitalismo	Democracia liberal de tipo norte-americano[37]. *Pax americana*. Neoconservadorismo. Globalização. Globalismo[38]
Eurasianismo	Multipolaridade[39]
Islamismo	Califado Universal[40]

36 Cf., p. ex.: CRUZ, Diego. "Lenin e o internacionalismo proletário". Disponível em: https://www.pstu.org.br/lenin-e-o-internacionalismo-proletario/.

37 FUKUYAMA, Francis. *O Fim da História e o Último Homem*. Lisboa: Gradiva, 1999.

38 HARARI, Yuval Noah. *Ted Talks*. In: "Nationalism vs. globalism: the new political divide", 2017. Disponível em: https://youtu.be/szt7f5NmE9E.

39 SAVIN, Leonid. *Ordo Pluriversalis: o fim da pax americana & a ascensão da multipolaridade*. Caxias do Sul: Ars Regia, 2021.

40 As mentes ocidentalizadas, afeitas — quando muito — ao cristianismo, podem estranhar o fato de o Islã constituir uma ideologia completa ou

***

Qual papel fica reservado ao Brasil, geopoliticamente falando, nesse debate acerca dos blocos geopolíticos? Infelizmente, um papel muito pequeno.

É muito interessante, do ponto de vista ideal, o Brasil constituir a potência geopolítica que poderia ser, graças à conjugação de diversos fatores, inclusive exercendo posição de liderança na América Latina. Contudo, lamentavelmente, as forças políticas vigentes têm interesse apenas em uma posição satélite do Brasil: seja dos EUA, seja do terceiro-mundismo. Particularmente, sendo as duas opções as únicas viáveis, prefiro a primeira, sempre regida por contrapartidas razoáveis e jamais apenas por puro alinhamento ideológico.

Inclusive, cumpre notar que, no Brasil, há muitos simpatizantes das ideias de Aleksandr Dugin, que, se postas em prática, gerariam para o Brasil resultados não muito diferentes daqueles praticados na época do terceiro-mundismo em relações internacionais pelo Partido dos Trabalhadores: alinhamento e apoio a forças contrárias à ordem atual não por motivos razoáveis — que existem —, mas simplesmente por revanchismo antiamericano[41]. Coisas que vieram a culminar, aliás, em queima do erário público em ditaduras latino-americanas e re-

uma cosmovisão, incluindo desde política e economia até normas para a escovação dental ditadas pelo profeta Maomé. É impossível esgotar o tópico em um livro e menos ainda em uma nota, contudo, para interessados, recomendamos as obras (e discussões em torno delas) de René Guénon e Sayyid Qutb.

41 O melhor e mais recente exemplo disso talvez seja a própria postura no caso do conflito entre Rússia e Ucrânia. A esquerda trabalhista e duginistas esperavam e exigiram um alinhamento automático do Brasil com a autocracia putinista, disfarçando as razões reais — o simples antiamericanismo — com pretextos comerciais. Apesar de o exemplo ser pontual, é perfeitamente razoável esperar que a postura seja a mesma em casos futuros.

públicas de moral duvidosa na África, além, é claro, de notório financiamento do tráfico internacional[42].

O Brasil poderia, por exemplo, sendo a potência geopolítica em germe que é, ter evitado a mazela humanitária que se tornou a antes próspera Venezuela. E não me refiro nem à incursão militar nem a apoio a eventuais ações americanas, como podem pensar em acusar os mais apressados, mas simplesmente a ações firmes e prévias ao estado atual de coisas, que poderiam ter sido tomadas caso houvesse vontade e disposição ideológica para tal, em vez de subserviência e alinhamento ao poder socialista local.

Em suma, não considero razoável estabelecer um horizonte límpido para o Brasil dentro do atual quadro geopolítico global. A atuação principal não será tomada por nenhuma força política, os acordos comerciais seguirão ditando a regra — postura, aliás, das próprias Forças Armadas, e a órbita seguirá sendo ou em torno dos Estados Unidos da América ou de potências emergentes, em que o Brasil é coadjuvante. Não havendo, portanto, nem disposição política nem posicionamento ideológico que fundamente uma ida em outra direção. No específico caso de nosso país, tudo isso pode confortavelmente ser disfarçado com o histórico primado brasileiro pela opção "diplomática" de nunca tomar partido direto em qualquer disputa.

***

UMA NOTA SOBRE AS RELAÇÕES INTERNACIONAIS *MAINSTREAM*

Fui instado, não sem alguma justiça, a explicar como o debate que se travou aqui se passa dentro da discussão acadêmica de relações internacionais e até mesmo se efetivamente

42 Cf.: COUTINHO, Leonardo. *Hugo Chávez, o espectro*. São Paulo: Vestígio, 2018.

ocorre. A resposta passa por dois caminhos: o primeiro deles, mais simples, é *sim*, a discussão está lá, ainda que marginalmente e partindo de outras premissas de análise. O globalismo, por exemplo, pode ser encontrado em *papers* da área de relações internacionais sob os nomes de "cosmopolitismo", "internacionalismo", "princípios supranacionais" ou mesmo, em bastante acordo com o que foi exposto neste livro, de liberalismo (sendo o "globalismo" seu corolário, aparecendo com os nomes já citados ou outros). Ainda assim, evidentemente, muito da análise a respeito do globalismo feita por pensadores ou meios "alternativos" (por oposição aos *mainstream*) escapa aos acadêmicos, o que nos leva ao segundo caminho.

As Relações Internacionais, como ramificação que são das Ciências Sociais, partem de certos pressupostos metodológicos dados e compartilhados com as demais ciências humanas. E, como tal, sofrem de todos os problemas que surgem em consequência disso. Um outro autor que é caríssimo a mim, o germano-americano Eric Voegelin, abordou com maestria essa questão em suas obras, especialmente em *A Nova Ciência da Política* e *Science, Politics and Gnosticism*[43]. Ao adotar a metodologia positivista na pesquisa de ciências humanas em geral e das ciências sociais em específico, a mentalidade moderna se fechou para um conjunto de esferas que simplesmente não se submetem ao esquema positivista. Após o assassinato de Deus — uma imagem para o fechamento do espírito ocidental para qualquer âmbito metafísico —, o homem moderno, científico, cientificista e iluminista caiu em profundo egotismo ou, em linguagem voegeliniana, em revolta egofânica (a "revolta egofânica" é a epifania que afirma radicalmente que tudo existe/importa é o ego).

43 VOEGELIN, Eric. *A Nova Ciência da Política*. Brasília: UnB, 1979. VOEGELIN, Eric. *Modernity Without Restraint: The Political Religions, The New Science of Politics, and Science, Politics, and Gnosticism*. Edited by Manfred Henningsen. Columbia, MO; London: University of Missouri Press, 1999.

Mesmo nas Relações Internacionais *mainstream* já há tentativas de discussão fora dos parâmetros positivistas (Cf. JACKSON; SORENSEN, 2021, p. 321-344), chamada "pós-positivismo em RI", porém, como é de se imaginar, restringe-se a tópicos como "pós-estruturalismo", "pós-colonialismo", "feminismo", ou seja, trata-se apenas do braço pós-moderno na área e jamais um retorno às bases (mediado pelos problemas modernos) clássicas para se fazer ciência política, como professava Voegelin.

Apesar de hipoteticamente possível, considero inconcebível que o pesquisador típico das relações internacionais, mesmo que eventualmente queira e que isto passe por sua cabeça, adentre os meandros do eurasianismo, que se fundamenta em uma miríade de autores exóticos, que não se submetem à metodologia positivista e que mesclam referências científicas a outras que certamente seriam consideradas "místicas" ou "religiosas"[44]. O mesmo para a relação das elites financeiras e seu intercâmbio com seitas e sociedades secretas, e em qual grau isso influencia nas decisões que tomam ou mede seus interesses no curso das nações. Na maioria esmagadora dos casos, isso sequer passa pela cabeça de tais pesquisadores e, quando passa, rapidamente é descartado, ao lembrarem-se de que nada disso passará pelos crivos de um *paper* revisado por pares que são os cães de guarda dessa metodologia problemática. Essa é a explicação para aqueles que partem das melhores intenções possíveis.

Em outros casos, com menor ou nenhuma boa intenção, a rejeição se dá porque o pesquisador simplesmente não admite

44 Basta observar as reações não apenas da mídia, mas dos colegas diplomatas de pesquisa, quando o ex-chanceler Ernesto Araújo condensou boa parte de sua análise e pesquisas em artigo publicado na revista *The New Criterion*. Disponível em: https://newcriterion.com/issues/2019/1/agora-falamos.

Também: ARAÚJO, Ernesto. "Trump e o Ocidente". In: *Cadernos de Política Exterior*. Brasília: FUNAG. Ano III. Nº 6, 2º Semestre de 2017. Disponível em: https://funag.gov.br/loja/download/CADERNOS-DO-IPRI-N-6.pdf.

que sua formação esteja em tal grau amputada e fragmentada, por longo tempo ignorando aspectos essenciais que estavam bem à sua frente. O sujeito pode, meramente, entrar em fervoroso viés de confirmação e ver apenas aquilo que foi ensinado e treinado a enxergar, e se enraivecer com todos que desafiem as premissas que baseiam tudo que aprendeu. Como dizia o saudoso professor Olavo de Carvalho, é mais fácil alguém admitir um homicídio que admitir um erro.

Ainda assim, à guisa de conclusão e para estabelecer uma ponte de diálogo com o leitor afeito ao *ethos* acadêmico, tomei um — entre tantos possíveis — manual de relações internacionais e fui à caça dos assuntos abordados ao longo do livro e como aparecem lá. A obra escolhida foi *Introdução às Relações Internacionais* de Robert Jackson e Georg Sorensen[45].

É válido lembrar, conforme aclaramos no primeiro capítulo, que muitos indivíduos confundem globalismo com globalização. Há os que o fazem por inocência, ignorância, e aqueles que o fazem consciente e estrategicamente. Seja qual for o caso, é bom ter em conta que por não fazerem a distinção, acreditando que o que chamamos de globalismo seja um epifenômeno da globalização, ao tratarem deste último estão, invariavelmente, tratando do primeiro. Uma síntese da visão liberal da globalização:

> Em primeiro lugar, a informação está atualmente disponível de modo universal em tempo real e simultaneamente, em todos os centros financeiros do mundo. Em segundo lugar, a tecnologia juntou todos os principais países e centros financeiros e bancários em uma única rede integrada. Poucos países ou regiões do mundo podem ficar isolados dos impactos e das mudanças financeiras, onde quer que ocorram. Em terceiro lugar, a tecnologia possibilitou o es-

45 JACKSON, Robert; SORENSEN, Georg. *Introdução às Relações Internacionais*. Rio de Janeiro: Zahar, 2021.

> tabelecimento de um novo sistema de mercado mundial altamente eficiente para credores e devedores, capazes de reunir recursos e de compartilhar riscos em uma escala internacional que não se importa com as fronteiras (JACKSON; SORENSEN, 2021, p. 178).

Nas vertentes tradicionais de Relações Internacionais (Realismo, Liberalismo, Sociedade Internacional), um antiglobalista pode encontrar observações e até mesmo objeções interessantes ao globalismo oriundas do Realismo:

> As ideias e premissas realistas básicas são: (1) uma visão pessimista da natureza humana; (2) uma convicção de que as relações internacionais são necessariamente conflituosas e os conflitos internacionais são, em última análise, resolvidos por meio da guerra; (3) apreço pelos valores da segurança nacional e da sobrevivência estatal; e (4) um ceticismo básico com relação à existência de um progresso comparável ao da vida política nacional no contexto internacional (JACKSON; SORENSEN, 2021, p. 104).

Embora a visão dos paleoconservadores americanos seja a mais fielmente "antiglobalista", acredito que alguns dos elementos e debates travados por realistas podem ser do interesse de entusiastas preocupados com as soberanias nacionais[46]. O ponto 4 da citação é especialmente importante, pois mostra que está implícita na premissa básica do globalismo ingênuo a ideia de que um governo global é consequência puramente do "progresso" da humanidade, devendo ser almejado e, uma vez concretizado, saudado.

46 "(...) a única responsabilidade fundamental dos estadistas é promover e defender o interesse nacional" (JACKSON; SORENSEN, 2021, p. 105).

Tudo isso ao passo que, no Liberalismo (ou ao menos em suas versões ingênuas), encontrar-se-á muito do que aqui chamamos de globalismo, como, por exemplo, a noção de que a meta das Relações Internacionais é estabelecer uma governança global que promova e garanta a Paz Perpétua — pelo menos em algumas formulações do Liberalismo em Relações Internacionais. Se os realistas são pessimistas, os liberais são otimistas:

> Os liberais são, sobretudo, otimistas: quando os seres humanos utilizam sua razão, eles podem alcançar a cooperação benéfica mútua e acabar com a guerra. O otimismo liberal está muito associado à ascensão do Estado moderno. A modernização significa o progresso na maioria das áreas da vida humana, incluindo as relações internacionais (JACKSON; SORENSEN, 2021, p. 187).

É válido mencionar ainda a vertente "sociedade internacional", que, apesar do nome, não professa o que aqui chamamos de globalismo, assumindo, em verdade, uma posição *intermediária* entre realismo e liberalismo. Sua visão das relações internacionais pode ser resumida da seguinte maneira:

> A escola da sociedade internacional, também conhecida como escola inglesa de RI, é uma abordagem da política mundial que tem como foco a história, as ideias, as estruturas, as instituições e os valores internacionais. As suposições básicas são: (1) a de que as relações internacionais fazem parte das relações humanas, as quais possuem *valores básicos como independência*, segurança, ordem e justiça; (2) o acadêmico de RI é chamado para interpretar os pensamentos e as ações de pessoas envolvidas nas relações internacionais; (3) anarquia internacional é um conceito importante, mas não uma premissa exclusiva — os estudiosos da sociedade internacional afirmam que a política mundial

> não é meramente um sistema internacional, mas uma "sociedade anárquica" dotada de regras, normas e instituições distintas com as quais os estadistas se envolvem ao conduzirem a política externa; (4) eles veem os Estados não como entidades autônomas em si mesmas, como máquinas, mas como organizações humanas — os estadistas exercem o poder dos Estados e são responsáveis por suas política e ações; (5) *a sociedade internacional incorpora noções tanto de uma sociedade pluralista composta de múltiplos Estados soberanos quanto de uma sociedade mundial solidarista* que abrange a população humana do planeta (JACKSON; SORENSEN, 2021, p. 191, grifos nossos).

Vale destacar aqui, com a chancela e palavras de Jackson e Sorensen, o rechace do otimismo liberal dos partidários da Sociedade Internacional:

> (...) rejeitam a *abordagem otimista do liberalismo* das relações internacionais como uma *comunidade mundial* em desenvolvimento *movendo-se inevitavelmente* na direção de um progresso humano sem paralelos e de *uma paz perpétua*, condição que seria cada vez mais indistinguível da paz e da prosperidade domésticas (JACKSON; SORENSEN, 2021, p. 193, grifos nossos).

Em suma, e sem abordar aqui as perspectivas da economia política internacional, do construtivismo social ou do pós-positivismo, pois acredito que o argumento (o globalismo está sim presente nas discussões *mainstream* de Relações Internacionais, apenas aparece com outra clivagem conceitual) esteja muito bem fundamentado, os genuinamente interessados — seja em encontrar, seja em inserir o debate sobre globalismo na discussão padrão das relações internacionais — podem fazê-lo com bastante tranquilidade.

APÊNDICE III: NOVA ORDEM MUNDIAL?

Certamente muitos leitores são afeitos à expressão "nova ordem mundial" e sua sigla "NOM" (ou "NWO", em inglês). E desconfio que muitos a usam de maneira imprecisa e displicente, além de usá-la como sinônimo de "globalismo". Não posso encerrar a reflexão sem operar alguns esclarecimentos conceituais.

"Ordem mundial" ou "Nova ordem mundial", a despeito dos detratores desejarem tratar a expressão como mais um signo de "teoria da conspiração"[47], é um termo relativamen-

47 A título de curiosidade: o verbete "nova ordem mundial" da Wikipedia é inteiramente dedicado à tentativa de provar que a expressão é uma teoria da conspiração, mesmo admitindo que a expressão esteve presente em falas de Woodrow Wilson e Winston Churchill e que foi até título de uma obra do literato socialista H. G. Wells. Ao passo que o site de pesquisas escolares "Brasil Escola", surpreendentemente, apresenta uma abordagem mais honesta, mostrando o uso comum e não-conspiratório do termo, que se refere ao ordenamento geopolítico vigente.

te comum nos textos de relações internacionais *mainstream*[48]. Não é incomum usá-la para descrever o estado das relações internacionais no mundo após a Segunda Guerra Mundial ou após a Guerra Fria. E em seu sentido mais lato ela quer dizer simplesmente isso mesmo: o estabelecimento de uma nova ordem global, mundial, sem estar necessariamente vinculada a qualquer juízo de valor. A implementação de uma hipotética ordem mundial, por exemplo, cristã, é tão "nova ordem mundial" quanto o globalismo ou o islã político.

Ou seja, "nova ordem mundial", na verdade, é uma categoria que se aplica a qualquer ordenamento global distinto do atual. Contudo, muitos confundem a categoria com uma de suas espécies, isto é, com o globalismo, devido à ênfase que costumamos dar a esse último em nossas discussões e por ser mais evidente a ação do *lobby* globalista no cotidiano, além da absurdidade de alguns tópicos de agenda do globalismo, como, por exemplo, a abolição da economia baseada em carbono, abolição do consumo de carne, passaporte sanitário, transhumanismo etc. O holofote, muitas vezes justificado e pertinente, nos leva a crer que a nova ordem mundial desejada pelo globalismo é a única que existe no mercado.

Entretanto, o globalismo é *uma* proposta de nova ordem mundial, entre outras disponíveis e até mesmo concorrentes. Qualquer imperialismo implica no estabelecimento de uma nova ordem mundial, na medida em que deseja impor seu ordenamento militar, jurídico e cultural para todos os seus domínios, que se constituem, idealmente, pelo mundo todo.

De maneira complementar à tabela apresentada no apêndice anterior, produzi o diagrama a seguir, ilustrando a ideia de que os blocos geopolíticos de poder com mais força disponíveis representam, cada um deles, sua própria Nova Ordem

---

48 Por exemplo: MAGNOLI, Demétrio. *O novo mapa do mundo*. São Paulo: Moderna, 1996.

Mundial, mas que a categoria de nova ordem mundial abarca todos eles.

BLOCOS GEOPOLÍTICOS E NOVA ORDEM MUNDIAL

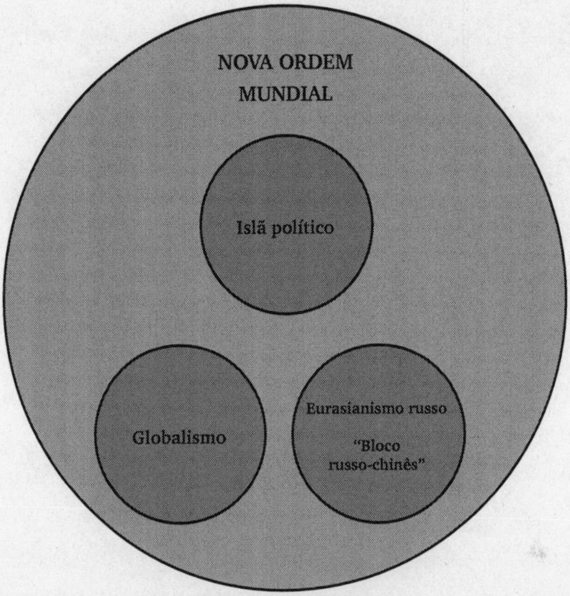

Fonte: o autor. **Design:** Spress

POSFÁCIO

Se este *Os Fundamentos do Globalismo: as origens da ideia que domina o mundo* ganha uma segunda edição e, por isso, um novo elemento textual, é porque sua primeira tiragem se esgotou. E é exatamente esse o caso. Gostaria aqui de acrescentar informações e reflexões, que esqueci ou era impossível de fazer quando da redação da primeira edição. Além, é claro, de corrigir pequenos erros de edição que passaram e de um índice onomástico repaginado. E também agradecer a todos os interessados compradores e leitores da primeira edição.

***

Na esteira do espírito da obra, gostaria de acrescer algumas sugestões de leitura tanto por lidarem com os temas do globalismo e da globalização como pelo fato de provarem meu argumento de que globalismo não apenas não é teoria da conspiração, mas está presente na discussão acadêmica de ciência social[1]. Sugiro as obras: *A era do globalismo*, de Octavio Ianni (Civilização Brasileira, 1996) e *O que é globalização?*, de Ulrich Beck (Paz e Terra, 1999). Os dois autores atuam na ciência social e no teor de suas obras discutem o que aqui chamamos de globalismo, com o nome globalismo ou outros, inclusive, com posicionamento favorável ou simpático a este. Gostaria de sugerir também a obra *Projeto para tornar perpétua a paz na Europa* (Editora UnB, 2003), do abade de Saint-Pierre (1658-1743)[2], livro que inspirou a Paz Perpétua kantiana que gestou esse conceito central e originário para o globalismo. Aproveito para recomendar – além de congratular os responsáveis pela publicação – *Tragédia e esperança: uma história do mundo em nosso tempo* (Vide Editorial, 2023) de Carrol Quigley, citado por mim ao longo do livro, uma referência fulcral para todos os que desejam entender o globalismo (além de, mais uma vez, oferecer estofo para remover a aura conspiratória que recai sobre o assunto).

Gostaria de recomendar uma terceira obra e me estender nos comentários a ela, pois são pertinentes ao assunto do meu livro e me propiciam a possibilidade de atualizar pontos a respeito do conflito entre Ucrânia e Rússia, que estava em seu início quando escrevi o primeiro apêndice desta obra. Se trata da publicação do debate travado entre os amigos Cristian Derosa e Jonas Fagá Jr., pela editora Danúbio (2022), com o título *A Guerra na Ucrânia e a Nova Ordem Mundial*. Como considero ambos autoridades bem maiores que eu nos assuntos globalis-

1 Todas as obras citadas mereceriam análises e discussões aprofundadas, mas isso não poderia ser feito aqui sem alterar a natureza e o propósito da minha obra. Elas são citadas como reforço a um dos meus argumentos e como possível trilha de prosseguimento e aprofundamento para interessados.

2 Charles-Irénée Castel ou abade de Saint-Pierre (Saint-Pierre-Eglise, 18 de fevereiro de 1658 – Paris, 29 de abril de 1743) foi um filósofo francês e também precursor das organizações internacionais, participou do Congresso de Utrecht em 1712 e membro da Academia Francesa de Letras.

mo, metacapitalismo, nova ordem mundial, eurasianismo etc., me aproveitarei da contenda para corroborar pontos da minha própria obra, além de acrescer reflexões próprias e comentários sobre o conflito.

Derosa e Fagá são amigos pelos quais tenho apreço, alunos do professor Olavo e, conforme considero, estamos todos – eles dois e eu – ocupando a mesma trincheira. O debate entre os dois começou pelas redes sociais – para o bem ou para o mal, o principal "mercado" do livre mercado de ideias atual – e, felizmente, virou livro. De maneira muito sutil, eu tenderia a dizer que concordo mais com Derosa do que com Fagá, mas isso é uma questão menor; cada um deve, por si próprio, ler o debate e extrair suas próprias conclusões justas e devidas.

Somos todos "suspeitos" para tratar dos perigos do globalismo. Exatamente por achá-lo séria e vitalmente perigoso, é que tratamos do assunto, muitas vezes à custa da ridicularização, da acusação de conspiração e, a depender do contexto, das próprias carreiras. Assumimos todos esses ônus para denunciá-lo; portanto, ninguém está nessa praça para "passar pano" para o globalismo ou para globalistas (ou para o eurasianismo e eurasianos). Mas confesso: considero o neoeurasianismoduguinista com sua síntese entre fascismo, nazismo e comunismo (às vezes o islamismo entra na equação) pior que o globalismo. Pelo menos *hoje*, ainda considero preferível viver nos EUA ou na Suíça que em Moscou, Wuhan ou Teerã. Por razões óbvias, aliás. Afinal, mesmo com os custos citados e com o tanto que a agenda autoritária do globalismo avançou recentemente, ainda podemos tecer as críticas que tecemos sem correr risco oficial, institucional e direto de vida (embora ele possa já ocorrer pontualmente).

Nada disso significa subscrever ou se render ao globalismo. É preciso se livrar do binarismo que tanto fez e faz mal a nós brasileiros, que por anos vivemos o "se não é petista é tucano e se não é tucano é petista". Não é o caso que se não for adepto do ideário de Dugin é globalista ou se não é globalista é duguinista. Conforme chamei a atenção no decorrer do livro, não existe obrigação de escolha (caso houvesse, me pareceria como escolher entre morrer guilhotinado ou eletrocutado) e parece que nós, cristãos conservadores, estamos absolutamente órfãos em termos geopolíticos. Nem Washington nem Moscou.

Isso posto, gostaria de observar que tanto Derosa quanto Fagá – com destaque para Fagá por ter tomado a iniciativa da menção – concordam com o que afirmo aqui: as origens ideológico-filosóficas do globalismo estão no Iluminismo (p. 32; 49-55). O que lá eles mencionam de passagem, é o que desenvolvi por aqui. Os dois ainda dão uma ênfase que passou batida em meu livro: mais pródigo na sua contribuição para a formação do globalismo foi o iluminismo francês (em contraste com o inglês, por exemplo). Aproveito o ensejo para observar que Kant foi bastante influenciado por Rousseau, um suíço profundamente francês. Elementos interessantes para todos nós que ao mesmo tempo que estamos preocupados com a urgência dos problemas causados pelo globalismo, temos o interesse por história das ideias.

Outro tema importante levantado pelos dois (mas não esgotado por eles) e que eu mesmo só pude resvalar de forma muito distante, é a inspiração mística e neopagã que move a elite globalista nos bastidores. Embora o globalismo tenha uma raiz profundamente economicista (ou pelo menos pretextos marcadamente econômicos) e materialista, não se pode dizer que esse sejao seu único lado. A melhor fonte de consulta sobre isso continua sendo Alexandre Costa em seus livros e vídeos. Tal como no caso do Iluminismo, onde seus principais nomes eram ateus, materialistas e racionalistas "da porta para fora", o mesmo se observa quanto aos principais nomes do globalismo, que autorizam no máximo a religiosidade biônica e ecumênica vendida como "espiritualidade", os dois grupos se mostram vastamente vinculados a seitas ocultistas e práticas místicas "da porta para dentro", isto é, em suas vidas privadas.

O sonho de uma governança global envolve uma religiosidade única também, algo muito próximo das vontades do príncipe do mundo.

O ponto alto do debate, na minha opinião, é a tréplica de ambos os interlocutores (p. 71-98). Os dois concordam entre si e comigo, especialmente o que expressei ao longo do livro e particularmente no apêndice III, a saber, de que tanto o globalismo quanto o eurasianismo são projetos imperialistas, isto é, que desejam ampliar seu "espaço vital", mesmo que com estratégias às vezes distintas. A divergência parece estar, em alguns momentos da discussão, a respeito de qual dos dois projetos é mais efetivo e pernicioso. Embora não reste dúvida do poderio e capacidades de influência de elite metacapitalista (e aqui nos referimos aos patrões dos patrões, não às figuras que somos facilmente capazes de nomear), um fenômeno também não passa despercebido a Derosa, Fagá e a mim: diante da "crise do Ocidente" (tema mais velho do que imaginamos), apenas o eurasianismo exerce influência. E também apenas para o eurasianismo isso gera "simpatizantes". Eurasianos clamam para si a capacidade de sua teoria de "salvar o Ocidente" da crise perene em que se encontra, algo que não observo da parte dos globalistas. Parte do encanto de alguns conservadores – às vezes reais, às vezes fictícios – com o eurasianismo se explica por intermédio desse fato.

Não conheço adeptos, simpatizantes e até defensores francos do globalismo como eles existem com o eurasianismo (visto como a saída para a crise moderna do Ocidente). Com relação ao globalismo, o que podemos ver são os patrões – as grandes dinastias financistas, que bancam todos os lados de todos os conflitos –, os empregados imediatos desses patrões (Bezos, Gates, Soros etc.) e figuras menores, como políticos e outros carreiristas. Vez ou outra aparece algum liberal doutrinário e deslumbrado que se intitula "globalista" por acreditar na versão "poliana" que também lidei ao longo do livro, que vê o globalismo com bons olhos por ser movido por ricaços supostamente liberais e capitalistas, "empreendedores e inovadores", *self mademan* etc. Ou seja, nas camadas que importam, não existem exatamente simpatizantes, existe gente que está faturando com o globalismo e empregados diretos.

Entretanto, no caso do eurasianismo, há adeptos e simpatizantes que nada ganham. Pelo contrário, até perdem, lembrando bastante a situação de jovens desiludidos com a modernidade, a crise do Ocidente e suas derivações, embebidos em niilismo[3] e vão abraçar o islamismo radical e se inscrever nas fileiras do Estado Islâmico, o que certamente põe muita coisa a perder.

O espraiamento desse sentimento continuaria sendo um perigo civilizacional concreto mesmo que o globalismo desaparecesse magicamente de um dia para o outro. E essa síntese claramente revolucionária e antipática a bases supostamente valorosas para conservadores, está conquistando não apenas os corações revolucionários de jovens que flertam com niilismo, mas também de muitos conservadores nauseados com pós-modernismo, ideologia de gênero e acusações de "masculinidade tóxica" (o que Dugin e seus asseclas preferem chamar de "woke") que veem no "ex"-favorável ao aborto Putin e na Rússia tão degenerada quanto o Ocidente, uma esperança.

Quanto ao conflito entre Rússia e Ucrânia, o diagnóstico feito pela italiana Giorgia Meloni (inclusive acusada de ser "simpática demais" a Putin pela imprensa da órbita globalista) me parece verdadeiro e consonante com as bases teóricas expostas no meu livro: "Putin demonstra mais uma vez sua visão neoimperialista de tipo soviético que ameaça a segurança do continente europeu"[4]. Sinceras ou não, as palavras de Melo-

---

3 https://www.timesofisrael.com/no-ipod-no-jihad-say-western-fighters/. Acesso em: 10/05/2023.

4 https://www.ilgiornale.it/news/politica/imperialista-sovietico-laffondo-meloni-contro-putin-2071450.html. Acesso em: 10/05/2023.

ni parecem francamente concisas e corretas. E elas ajudam a resolver uma pequena questão debatida por Derosa e Fagá, sobre o quanto a sanha imperialista russa ajuda a entender o conflito com a Ucrânia.

E essas mesmas palavras doem nos ouvidos dos simpatizantes brasileiros do eurasianismo e do nacionalismo russo, que se incomodam quando o passado comunista de Putin é trazido à tona e o fato da convergência entre os desejos tanto da tradição russa quanto dos ditadores comunistas de fazer da "mãe Rússia" vanguarda mundial e o império predominante. Para eles, mesmo quando francamente simpatizantes de Nicolas Maduro e Xi Jinping, "o comunismo acabou" e não se fala mais disso.

André Assi Barreto
São Paulo, 25 de maio de 2023.

ÍNDICE ONOMÁSTICO E REMISSIVO

UM PAÍS SE FAZ COM
HOMENS E LIVROS.
Monteiro Lobato

ESTA OBRA FOI COMPOSTA
PELA SPRESS EM BASKERVILLE (TEXTO)
ATRAMENT (TÍTULO) E IMPRESSA
EM PAPEL PÓLEN SOFT 80G/M^2
NO MIOLO E LAMINAÇÃO FOSCA E
CARTÃO SUPREMO 250G/M^2 NA CAPA
PELA ESKENAZI PARA A
LINOTIPO DIGITAL EDITORA
E LIVRARIA LTDA.,
NA PRIMAVERA DE 2023.